Q&A わかりやすい改正会社更生法

清文社

はしがき

　平成9年以降，独占禁止法の改正，商法の度重なる改正，民事再生法の創設等，さまざまな領域での法律が改正されている。その1つひとつを見れば，改正条項の相互に脈絡のないバラバラな改正のように見える。しかし，日本企業の置かれた状況を鳥瞰した場合には，バラバラに見える改正条項相互の間に，一定の方向性が見えてくる。それは，日本の国際的競争力の強化・回復の方向性である。

　スイスのビジネススクールIMDの「世界競争力年鑑」における日本の国際的競争力は，次のように変遷している。

1993年まで	1位
1995年	4位
1999年	16位
2001年	26位
2002年	30位（ただし，科学技術は2位）

　日本の国際的競争力を回復するには，ガバナンスの強化と日本全体の経営資源を適正配分する必要があり，強い企業群のところへ弱い企業群の経営資源を移動することが急務である。そのため，独占禁止法を改正して強力なガバナンスができる純粋持株会社の設立を認めたほか，商法を改正して，日本型ガバナンスの強化をするとともに，アメリカ型ガバナンスの選択を認めた。経営資源の移動に関しては，商法では株式交換，会社分割等の事業再編に関する改正があり，他方，弱い企業に関する倒産法制の改正があった。

　平成11年の民事再生法の制定，平成14年の臨時国会での会社更生法の改正に続き，平成15年の通常国会での破産法の改正が予定されている。この倒産法制の改正も，日本の国際的競争力の回復に役立つものとの位置付けができる。

本書は，平成14年に成立した会社更生法に関する解説を目的としている。会社更生法は手続が厳格で時間がかかることから敬遠される傾向にあり，大企業の再生でも，そごうに代表されるように，最近は，民事再生法が利用されることが多くなっていた。そこで，会社更生法を時代の要請に適合させて，利用しやすいものに改正する必要があった。この要請を受けて改正されたのが，今回の改正会社更生法である。

　会社更生法は，担保権者をも拘束する強力な手続であるから，会社の再建に有用である。その長所を生かしながら，大企業を迅速かつ円滑に再建するようにしようとしたのが，改正会社更生法である。今回の会社更生法の改正の主要なポイントは，手続の迅速化，手続の合理化，再建手法の強化にある。

　手続の迅速化では，「更生の見込み」を不要として，手続開始の要件を緩和し，更生計画案の提出期限については更生手続開始の決定の日から1年以内を原則とした。また，更生計画案の可決要件を緩和したり，更生計画上の金銭債権の総額の3分の2以上が遅滞なく弁済された場合には，更生手続を原則として終結することとして，手続の迅速化を図っている。

　手続の合理化では，従来，明確な規定のなかった利害関係者の事件関係書類の閲覧・謄写を認めたり，更生計画による弁済期の上限を従来の20年から15年に短縮すること等の改正があった。

　再建手法の強化としては，実務的には，会社更生手続における早期の段階である更生計画認可前の営業譲渡を認める規定が整備された点が重要である。

　会社の再建は，着手が早期であることが合理的であり，かつ，人を得ることが重要である。ところが，従来の会社更生の実務では，更生手続開始の申立時の取締役は辞任が当然視され，管財人に選任されることはなかった。しかし，申立て直前に支援企業から派遣され，経営責任がなく，経営能力のある取締役を管財人として選任する方が会社再建のためには合理的である。この点も，会社更生法は改正し，役員責任等査定決定を受けるお

それがない取締役を管財人として選任することができるようになった。この点の改正は実務的意味が大きい。これによって，会社更生手続を早期に利用する可能性が大きくなると考えられる。

　本書は，鳥飼総合法律事務所所属の企業再生チームの弁護士を主軸に書かれたものであるが，今回の会社更生法改正に至る経緯及び解釈に関する事実については，法務省民事局参事官室の見解に従っている。

　本書が，読者の方々に少しでも役立つことがあれば，幸いである。

　最後に，本書は清文社の東海林良氏及び中村麻美さんのご協力がなければ完成しなかった。両氏に深甚なる感謝を申し上げたい。

平成15年1月

　　　　　　　　　　　　　　　　　　　　　　弁護士　　鳥飼　重和
　　　　　　　　　　　　　　　　　　　　　　弁護士　　権田　修一

目次

Q&A わかりやすい改正会社更生法

第1章 改正会社更生法の概要
- Q1-1 会社更生法改正の経緯及び目的 …………………… 3
- Q1-2 改正会社更生法の特色 …………………………… 6
- Q1-3 会社更生と民事再生の比較 ……………………… 9

第2章 更生手続開始の申立て
- Q2-1 更生事件の原則的管轄 ……………………………17
- Q2-2 更生事件の管轄の競合 ……………………………19
- Q2-3 更生手続開始申立書の記載事項及び添付書面 ………23
- Q2-4 他の手続の中止命令及び包括的禁止命令 …………27
- Q2-5 更生手続開始前における中止した強制執行等の取消し ・31
- Q2-6 更生手続開始前における商事留置権消滅請求 ………33
- Q2-7 更生手続開始前の借入金等の扱い …………………37

第3章 更生手続開始決定
- Q3-1 更生手続開始の要件 ………………………………43
- Q3-2 更生手続開始の公告及び通知 ……………………46
- Q3-3 財産評定における評価基準 ………………………49
- Q3-4 財産状況報告集会 …………………………………52
- Q3-5 更生担保権の目的である財産の評価 ………………56
- Q3-6 担保権の実行禁止の一部解除 ……………………59
- Q3-7 担保権の実行による換価代金 ……………………62

- Q 3-8　更生手続によらない営業譲渡の可否 ················64
- Q 3-9　更生手続によらない営業譲渡の手続 ················67

第4章 管財人等

- Q 4-1　管財人の選任 ·····································73
- Q 4-2　数人の管財人の職務執行 ·························77
- Q 4-3　管財人による子会社等の調査権 ···················79
- Q 4-4　管財人等の競業避止義務 ·························82

第5章 更生債権及び更生担保権の取扱い

- Q 5-1　更生債権等の弁済の禁止及びその例外 ·············87
- Q 5-2　劣後的更生債権制度の廃止 ·······················91
- Q 5-3　更生債権及び更生担保権の調査 ···················96
- Q 5-4　更生債権及び更生担保権の確定 ··················100
- Q 5-5　更生担保権の目的である財産の価額の決定 ········105
- Q 5-6　価額決定手続と更生債権等査定決定手続との関係 ····110
- Q 5-7　後順位担保権者の更生担保権確定訴訟の帰趨と更生担保権額 ··113
- Q 5-8　担保権消滅許可 ································118
- Q 5-9　担保権の目的である財産の価額の決定 ············123
- Q 5-10　担保権の消滅時期及び納付された金銭の取扱い ····128
- Q 5-11　債権質の第三債務者の供託 ·····················134

第6章 利害関係人の保護

- Q 6-1　更生債権者委員会等 ····························139
- Q 6-2　代理委員 ······································145
- Q 6-3　調査委員 ······································149

第7章 会社更生手続における旧経営陣の地位

- Q 7-1 旧経営陣の管財人等への就任の可否 …………………155
- Q 7-2 監督委員による調査報告 ……………………………158
- Q 7-3 取締役等の競業避止義務 ……………………………160
- Q 7-4 取締役等の報酬 ………………………………………163

第8章 会社更生手続における従業員及び労働組合の地位

- Q 8-1 労働組合または使用人代表の手続関与 ……………169
- Q 8-2 社内預金の取扱い等 …………………………………172

第9章 社債権者及び社債管理会社

- Q 9-1 社債権者の手続参加 …………………………………177
- Q 9-2 社債管理会社等の費用及び報酬 ……………………181

第10章 更生計画

- Q 10-1 更生計画による更生債権等の弁済期間 ……………187
- Q 10-2 更生計画に基づく社債及び新株の発行 ……………190
- Q 10-3 更生計画案の提出期限 ………………………………193

第11章 関係人集会

- Q 11-1 関係人集会の招集 ……………………………………199
- Q 11-2 更生計画案の決議のための関係人集会 ……………201
- Q 11-3 更生債権者等の議決権額の算定 ……………………205
- Q 11-4 基準日による議決権者の確定 ………………………208

- Q 11-5　議決権の額の決定 ･････････････････････････211
- Q 11-6　議決権の不統一行使 ･･･････････････････････214
- Q 11-7　書面投票制度 ･･･････････････････････････････218
- Q 11-8　書面による決議 ････････････････････････････222
- Q 11-9　更生計画案の可決要件 ･･･････････････････････226
- Q 11-10　更生計画認可の決定に対する株主の即時抗告権 ･･････232

第12章　更生計画認可後の手続及び更生手続廃止後の手続
- Q 12-1　更生手続の終結時期 ･････････････････････････237
- Q 12-2　更生手続終了後の査定の手続及び異議の訴えに係る訴訟手続の帰趨 ･･240
- Q 12-3　更生手続終了後職権破産宣告までの間の財産保全 ･････244
- Q 12-4　更生手続開始前の牽連破産の場合における共益債権の財団債権化 ･･247

第13章　更生手続全般
- Q 13-1　送達及び公告 ･････････････････････････････････253
- Q 13-2　監督行政庁に対する通知 ････････････････････････258
- Q 13-3　法務大臣及び金融庁長官の手続関与 ･････････････261
- Q 13-4　更生手続開始の登記等の廃止 ････････････････････264
- Q 13-5　登記及び登録の嘱託に関する事務の書記官権限化 ････267
- Q 13-6　更生事件に関する文書の閲覧 ･･････････････････269

- 主要参考文献一覧
- 著者紹介

≪法令の表記について≫
　本書では，平成14年12月に成立した改正会社更生法を『改正法』と表記し，同改正前の会社更生法を『旧法』と表記しています。

第1章

改正会社更生法の概要

1-1　会社更生法改正の経緯及び目的

Q どうして会社更生法が改正されることになったのですか。

A 倒産法制全体の見直しの一環として，会社更生法も改正されることになりましたが，長引く不況の中で，企業倒産事件を迅速かつ円滑に処理することが社会から強く求められるようになりました。その要請にこたえるため，会社更生法を部分的に改正するにとどまらず，全面的に改正することになりました。

1　倒産法制の見直し

1）倒産法制全体の見直し

　平成8年10月に，法務大臣は法制審議会に倒産法制の見直しを諮問しました。この諮問を受けて，法制審議会倒産法部会は，当時の5つの倒産処理手続（破産，和議，会社更生，特別清算及び会社整理）全体を見直す作業に取りかかりました。

　平成9年12月には，法制審議会倒産法部会は，「倒産法制に関する改正検討事項」を作成し，法務省民事局参事官室から公表して，裁判所，弁護士会，経済団体その他の関係各界に倒産法制の改正について意見照会しました。

　このように当初は倒産処理手続を一括して見直す予定でした。

2）民事再生法の制定

　ところが，長引く不況により倒産事件が急増したため，平成10年10月，法制審議会倒産法部会は，緊急に対処が必要な中小企業向けの再建型手続の立法化を先行させることにしました。

　法制審議会倒産法部会は，平成11年7月23日には「民事再生手続（仮称）に関する要綱案」を決定し，同年11月5日には「民事再生法案」が閣議決

定されました。そして，同年11月8日に第146国会（臨時会）に「民事再生法案」が提出され，同年12月14日に「民事再生法」は成立しました。

民事再生法は，平成12年4月1日から施行され，同時に和議法は廃止されました。

3）個人再生手続などの制定

続いて，平成12年には，個人債務者の再生手続の特則を定める「民事再生法等の一部を改正する法律」と国際倒産事件に対応するための「外国倒産処理手続の承認援助に関する法律」が制定され，平成13年4月1日から施行されています。

2 会社更生法の改正

1）会社更生法改正の議論

民事再生及び国際倒産に関する立法が終わり，会社更生法の見直しについては，平成13年3月から，法制審議会倒産法部会で本格的に検討されることになりました。

会社更生法については，民事再生法のように全く新しい法律を立法するわけではなく，それほど大規模な改正をする予定ではありませんでした。

ところが，法制審議会倒産法部会で審議を進める中で，広範囲にわたって，さまざまな改正意見が出されました。企業倒産事件を迅速かつ円滑に処理するという社会の要請に応えるためには，会社更生法を部分的に改正するだけでは足りなかったのです。

そのため，会社更生法を全面的に改正することになりました。

2）会社更生法改正の経緯

平成13年3月以降，法制審議会倒産法部会は精力的に議論を重ねました。平成14年2月22日には「会社更生法改正要綱試案」を決定して，同年3月から1カ月間，パブリック・コメントに付し，広く各界から意見を募集しました。

そして，各界から寄せられた意見も踏まえて，法制審議会倒産法部会は

さらに議論を重ね，同年7月26日には「会社更生法改正要綱案」を決定しました。

同年9月3日には，法制審議会総会で「会社更生法改正要綱」が決定され，同年10月21日に第155国会（臨時会）に「会社更生法案」が提出されました。そして，同年12月6日に「会社更生法」は成立しました。

全面的に改正された会社更生法は，平成15年4月1日から施行されます。

【倒産法制の見直し】

```
平成8年   倒産法制の見直し開始
             ↓
平成11年  民事再生法制定（平成12年4月1日施行）
             ↓
平成12年  民事再生法の一部改正（個人再生手続の創設）
          「外国倒産処理手続の承認援助に関する法律」の制定
          （ともに平成13年4月1日施行）
             ↓
平成14年  会社更生法全面改正（平成15年4月1日施行）
             ↓
平成15年  破産法改正（予定）
```

1-2　改正会社更生法の特色

Q　今回改正された会社更生法には，どのような特色がありますか。

A　経済的に窮境にある株式会社について，その事業の維持更生を合理的かつ機能的にはかるという目的のもと，①更生事件の土地管轄規定の緩和，②更生手続開始前における更生会社の財産保全の措置の充実，③更生手続開始原因の緩和，④更生手続開始後の手続の簡素化・合理化，⑤更生計画案の早期提出の義務付け，⑥更生計画案の可決要件の緩和，⑦再建のための手法の整備，などの措置を講じている点に特色があります。

1　改正会社更生法の特色

　改正会社更生法の特色をまとめると，上記の①～⑦のようになります。これらは，「会社更生法案」の国会への提出理由そのものです。
　平成12年4月1日に民事再生法が施行され，そごうが民事再生手続で再建をはかったのをきっかけとして，会社更生手続を選択し得る大企業までもが民事再生手続を選択する，という傾向が一時見られました。
　会社更生手続ではなく民事再生手続を選択した理由は，会社ごとに違いがあるのでしょう。しかし，会社更生手続が厳格で時間がかかることが，会社更生手続を敬遠した理由の一つになっていることは各社共通していると思われます。
　最近でこそ，会社更生法の長所が見直され，会社更生事件は増加傾向にありますが，民事再生手続と比較するとやはり会社更生手続の重厚長大さが目につきます。
　そのため，今回の会社更生法の改正では，民事再生法にはない会社更生法の長所は維持しつつ，民事再生法のよい点も取り入れて，会社更生手続をより使いやすい手続に衣替えし，大企業の倒産事件を迅速かつ円滑に処

理できるように配慮しています。

2 改正のポイント

今回の会社更生法改正の内容については，各設問の解説の中で詳しく説明しますが，その主なポイントだけをピックアップすると，次のようになります。

1）更生事件の土地管轄規定の緩和

株式会社の主たる営業所の所在地を管轄する地方裁判所が管轄することを原則とし，親子会社や連結会社についての特則を設けました。

また，すべての株式会社について，東京地方裁判所または大阪地方裁判所に更生手続開始の申立てをすることができるものとしました。

2）更生手続開始前における更生会社の財産保全の措置の充実

更生会社の財産に対する強制執行等を一律に禁止する包括的禁止命令の制度を設けました。

また，更生会社の財産の上に存する商事留置権について，その留置目的物の価額に相当する金銭を留置権者に弁済することにより，消滅させる制度を設けました。

3）更生手続開始原因の緩和

旧法では「更生の見込みがないとき」が，申立棄却事由になっていました。

これに対し，改正法は，「事業の継続を内容とする更生計画案の作成若しくは可決の見込み又は事業の継続を内容とする更生計画の認可の見込みがないことが明らかであるとき」を申立棄却事由とし，更生手続開始の要件を緩和しました。

4）更生手続開始後の手続の簡素化・合理化

手続の透明性を確保するため，事件関係書類の閲覧・謄写に関する規定を整備するほか，更生債権者等の意思を手続に反映させる途を拡大するため，更生債権者委員会等の制度を創設しました。

また，更生計画案決議のための関係人集会において，書面投票制度や書

面決議制度を設けました。

　さらに，更生計画による弁済期間の上限を15年とし，更生計画の定めによって認められた金銭債権の総額の3分の2以上の額の弁済がされた時に，更生計画に不履行が生じていない場合には更生手続の終結決定をするなど，更生手続の終結時期の早期化をはかりました。

5）更生計画案の早期提出の義務付け

　更生計画案の提出期限を，原則として更生手続開始決定の日から1年以内としました。

6）更生計画案の可決要件の緩和

　更生計画案を可決するには，更生債権者の組では，議決権の総額の2分の1を超える議決権を有する者の同意があれば足りることとしました。

　同様に，更生担保権者の組では，
- ①　更生担保権の期限の猶予の定めをする更生計画案の場合
  →議決権の総額の3分の2以上に当たる議決権を有する者の同意
- ②　更生担保権の減免などの定めをする更生計画案の場合
  →議決権の総額の4分の3以上に当たる議決権を有する者の同意
- ③　更生会社の事業の全部の廃止を内容とする更生計画案の場合
  →議決権の総額の10分の9以上に当たる議決権を有する者の同意

が，それぞれあれば足りることとしました。

7）再建のための手法の整備

　更生計画が認可される前であっても，裁判所の許可により営業譲渡ができることが明文化されました。

　営業譲渡の対象には担保権のついた財産も含まれるのが通常ですが，その財産の価額に相当する金銭を裁判所に納付することにより，担保権を消滅させることができる制度も設けました。

　また，更生計画の定めにより社債を発行する場合には，その償還期限を制限しないものとしました。さらに，経営責任のない取締役や執行役などを，管財人などに選任できることを明確化しました。

1-3　会社更生と民事再生の比較

Q 改正会社更生法と民事再生法との相違点はどこですか。

A 改正会社更生法で，東京地方裁所及び大阪地方裁判所に全国的な競合管轄を認めたこと，再生手続と同様のDIP型手続を導入しないこと等が民事再生法との主な相違点としてあげられます。

1 はじめに

　会社更生法と民事再生法とは，同じ再建型の手続ではありますが，会社更生が担保権者までも拘束する非常に強力な手続であり，その適用対象は株式会社のみであるのに対し，民事再生は担保権を別除権として再生手続によらずに行使でき，法人だけでなく自然人も適用対象となっているなど，大きな相違点がありました。こうした相違点については，改正法も基本的には変更はありません。

　しかし，今回の会社更生法改正の趣旨は，大規模な株式会社の迅速かつ円滑な再建を可能とするため，更生手続について迅速化及び合理化をはかるとともに再建手法を強化して，現代の経済社会に適合した機能的なものに改めることにあります。

　したがって，改正法では，上記の改正趣旨を達成するため，その施行以来，簡易・迅速な再生手続として広く利用されている民事再生法が採用した制度を取り入れたり，民事再生法の制度に近い制度に変更した条項もあります。

　そこで，主な改正点についてのみですが，改正法の中で民事再生法に近づいた制度と，民事再生法との相違点をあげ，最後に，会社更生と民事再生の役割分担について検討します。

　なお，ここで民事再生法に近づいた制度として分類されていても，規定

の内容は民事再生法とは異っているものももちろんありますので，その意味では相違点に分類できる制度もあります。ここで記載した分類方法はあくまでも一例であることをお断りしておきます。

2 民事再生法に近づいた制度

1） 手続の迅速化

① 手続開始要件の緩和（Q3－1参照）

改正法は，旧法の手続開始要件のうち「更生の見込み」の有無を不要としました（改正法第41条第1項）。これは，民事再生法第25条にならったものです。

② 更生計画案の提出時期の限定（Q10－3参照）

旧法は，更生計画案の提出時期に関し裁判所の定める期間について何ら限定していませんでした。改正法は，手続の迅速化をはかるため，更生計画案の提出時期を更生手続開始の決定の日から原則として1年以内としました（改正法第184条第3項）。民事再生法は規則第84条で，再生計画案の提出を一般調査期間の末日から2カ月以内の日としています。

③ 更生計画案の可決要件の緩和（Q11－9参照）

更生計画の早期成立をはかるために，更生計画案の可決要件を，更生債権者の組については，議決権総額の3分の2以上の同意から2分の1を超える同意へ緩和し（改正法第196条第5項第1号），更生担保権者の組の更生担保権の期限の猶予の定めをする計画案については，議決権総額の4分の3以上の同意から3分の2以上の同意へ緩和する（改正法同条項第2号）などしました。民事再生法では，出席者の過半数及び議決権の総額の2分の1以上の賛成があれば再生計画案が可決されます（民事再生法第171条第4項）。

④ 更生手続の終結時期の早期化（Q12－1参照）

改正法では，より柔軟かつ早期の終結決定をすべく，更生計画で定めた金銭債権の総額の3分の2以上が遅滞なく弁済された場合には，更生手続

を原則として終結することとしました（改正法第239条第1項）。民事再生法では，監督委員が選任されている場合は，再生計画認可決定確定後，3年経過後には再生手続が終結されます（民事再生法第188条第2項）。

2） 手続の合理化

① 事件関係文書等の閲覧・謄写規定の整備（Q13－6参照）

旧法では，事件関係文書等の閲覧・謄写に関して明確に定めた規定がなかったため，改正法は，利害関係人に事件関係文書等の閲覧・謄写を認めました（改正法第14条・第15条）。これは，民事再生法第17条，第18条にならった規定になっています。

② 更生計画による弁済期間の上限の短縮（Q10－1参照）

旧法では，弁済期間の上限は原則として更生計画認可決定から20年とされていましたが，現代の経済社会の実情に適合するように，改正法では，15年に短縮されました（改正法第168条第5項）。民事再生法では，上限は原則10年とされています（民事再生法第155条第2項）。

3） 再建手法の強化

① 包括的禁止命令（Q2－4参照）

保全段階の手続の円滑な進行をはかるため，更生会社の財産に対する強制執行等を一律に禁止する包括的禁止命令の制度を設けました（改正法第25条～第27条）。包括的禁止命令は，民事再生法で新設された制度ですが（民事再生法第27条～第29条），むしろ民事再生手続よりも多数の債権者が全国に存在していると想定される会社更生手続の方が，包括的禁止命令の必要性が大きいと考えられます。

② 更生計画認可前の営業譲渡（Q3－8参照）

債権者からの意見聴取等を踏まえ裁判所の許可を得ることにより，更生手続開始後の早期の段階（更生計画成立前）において営業譲渡を認める制度を新設しました（改正法第46条）。民事再生法においても，再生計画によらない営業譲渡が認められています（民事再生法第42条）。

③ 担保権消滅制度（Q5－8参照）

担保付物件の早期売却等を可能にするため，担保目的物の価額に相当する金銭を裁判所に納付することにより，担保権を消滅させることができる制度を新設しました（改正法第104条～第112条）。同様の問題に関し，民事再生法には担保権消滅制度が設けられていますが（民事再生法第148条～第153条），改正法は，これに類似する制度です。

3 相違点

1） 競合管轄の創設（Q2－2参照）

改正法は，専門的な処理体制の整った東京地方裁判所または大阪地方裁判所に更生事件についての全国的な競合管轄を認めました（改正法第5条第2項第6号）。民事再生法には，このような制度はありません。

2） DIP型手続（Q4－1参照）

旧法下においては，旧法第94条の文理に反し，更生会社の取締役等は管財人に一切選任しない運用が定着していました。これに対し，改正法では，経営責任のない取締役等については管財人等に選任できることを明確化しました（改正法67条第3項）。

民事再生法は，再生債務者が業務遂行権等を有するDIP型手続を採用していることが大きな特徴です（民事再生法第38条第1項）。改正法においても，このDIP型手続の導入が検討されましたが，大規模会社の利用を想定する会社更生法では，中小企業の経営者の人的信用等により再生を目指す民事再生と同様の事情は認められない等の理由により，導入されませんでした。

4 会社更生と民事再生の役割分担

以上のように，改正法の主な改正点だけを見ても，民事再生と同様あるいは近似した制度となっているものが多くあります。そうすると，今後は，どのような基準で会社更生あるいは民事再生が選択されるのか，つまり，会社更生と民事再生の役割分担に対する関心がますます高まると思われま

す。

　確かに，改正法は，民事再生法と同様の制度を有する部分もありますが，会社更生が株式会社のみを適用対象とすること，担保権者や株主も手続に拘束されることなど大きな違いがあることも事実です。したがって，担保権者が再建計画に理解を示さず非常に強い反対がある等の問題がある場合には，担保権者をも拘束する会社更生が選択されることになるでしょう。株主が経営陣と強く対立しているような場合にも，臨時株主総会を開催して経営陣の交替が行われると民事再生手続の遂行に大きな影響を与えますので，そのような場合も株主を拘束する会社更生が選択されるでしょう。

　また，民事再生はDIP型手続を採用し，債務者自らが再建にあたるのを原則とする手続であるため，債務者が再建の意欲を持って手続の申立てをするのではなく，債権者による手続申立てがなされた場合には，適切な進行が難しい場合が多いようです。したがって，再生債務者が民事再生手続遂行の能力と意欲を有しているような場合以外には，債権者としては会社更生手続を選択することになると思われます。

　従来は，会社の規模により，大会社は会社更生手続，中小企業は民事再生手続を選択するものと考えられる傾向がありました。しかし，中小企業であっても，上記のような問題点がある場合には，会社更生手続を選択せざるを得ない場合がありますし，資金や費用の面から破産を選択せざるを得ない場合もあります。したがって，今後はますます，会社の規模だけで手続を選択するのではなく，事案によってさまざまの要素を考慮し，相応しい手続を選択していくことになるでしょう。

第2章

更生手続開始の申立て

2-1 更生事件の原則的管轄

Q 更生手続開始の申立てをしたいとき，原則としてどこの裁判所に申し立てればよいのですか。

A 旧法では，更生事件は，更生会社の本店の所在地を管轄する地方裁判所の管轄に専属するとされていましたが（旧法第6条），改正法では，更生会社の主たる営業所の所在地を管轄する地方裁判所が管轄するものとしました。したがって，原則として更生会社の主たる営業所の所在地を管轄する地方裁判所に申し立てればよいことになります。

1 旧法の定め

旧法は，更生事件の管轄について，更生会社の本店の所在地（外国に本店があるときは，日本における主たる営業所の所在地）を管轄する地方裁判所の管轄に専属すると定めていました（旧法第6条）。

この「本店」とは，一般的に，更生会社の定款に記載された「本店」を指すと解されており，この管轄は専属管轄ですので，管轄の合意の効力も及ばず，応訴管轄が生じる余地もありませんでした。

2 旧法の不都合性

しかし，社歴の長い会社などでは，定款上の本店の所在地はその会社の創業・発祥の地などにしていますが，現実の営業の中心（実質的な本店）は東京や大阪などの大都市であることがしばしばあります。

このように，定款上の形式的な本店の所在地と現実の営業の中心地が異なる場合でも，旧法では，定款上の本店所在地を管轄する裁判所に更生手続開始の申立てをしなければならず，円滑な更生手続の支障になる場合もありました。

このため，従来の実務では，このようなケースでは，一旦，定款上の本店所在地の裁判所に更生手続開始申立てを行った後，直ちに職権で現実の主たる営業所を管轄する裁判所に事件を移送したり，申立て直前に本店の登記を移転したりするといったことも行われてきました。

しかし，更生手続においては，管財人が管財業務を遂行するにあたり，名目的な本店所在地ではなくて，会社の実質的な営業の中心地に常駐して経営を行うことになるため，管財人の監督も会社の実質的な営業の中心地を管轄する裁判所が担当した方が適当であり，更生手続の円滑な進行等にも資するし，債権者その他の利害関係人にとっても利益になることが多いと考えられます。

3 改正法の原則的管轄

そこで改正法は，破産法第105条及び民事再生法第5条第1項にならって，更生会社の「主たる営業所」の所在地（外国に主たる営業所がある場合にあっては，日本における主たる営業所の所在地）を管轄する裁判所に原則的管轄を認めました（改正法第5条第1項）。

【更生事件の原則的管轄】

旧　法	改　正　法
「本店」の所在地 ⇒	「主たる営業所」の所在地
を管轄する地方裁判所	を管轄する地方裁判所

2-2 更生事件の管轄の競合

Q 前問の裁判所以外に，更生手続開始の申立てをすることのできる裁判所はありますか。また，申立てをした裁判所で手続を進めることが不都合なとき，どのような救済措置がありますか。

A 改正法では，原則的管轄のある裁判所のほかにも，本店所在地を管轄する裁判所，親子会社または連結親子会社のいずれか一方の更生事件がすでに係属している裁判所，東京地方裁判所及び大阪地方裁判所にも更生手続開始の申立てをすることができます。また，改正法では，競合管轄が新たに認められた裁判所への移送ができるようになりました。

1 本店所在地を管轄する裁判所

改正法は，主たる営業の所在地を管轄する裁判所を原則的な管轄裁判所としながらもそれ以外に複数の競合管轄を定めています。

まず，株式会社の「本店」の所在地を管轄する地方裁判所にも，更生手続開始の申立てをすることができます（改正法第5条第2項第1号）。

この「本店」とは，更生会社の定款に記載された「本店」を指すと解されています。

これは，特に債権者または株主が更生手続開始の申立てをするに際して，更生会社の複数の営業所のうちから主たる営業所を探知することが困難である場合があり得ることを考慮して，従前どおり，更生会社の「本店」の所在地を管轄する裁判所にも競合管轄を認めたものです。

2 親子会社及び連結親子会社の競合管轄
1）親子会社の特則

更生会社が他の株式会社といわゆる親子会社（商法第211条ノ2）の関係

第2章 更生手続開始の申立て　19

にある場合には，両者は経済的に密接な関係に立つことが多く，このような場合に両者が経済的に破綻し，事業の再生をはかろうとするときは，両者の更生事件を同一の裁判所において同時並行的に進めることが更生の実効性を確保する上でも，また，手続経済の上でも望ましいと考えられます。

そこで，改正法は，民事再生法の規定と同様に，親会社はその子会社についての更生事件が係属している裁判所に，子会社はその親会社についての更生事件が係属している裁判所に更生手続開始の申立てをすることができるとしました（改正法第5条第2項第2号・第3号）。

2）連結会社の特則

以上のような更生事件の一体処理の要請は，親子関係にある会社の場合にとどまらず，更生会社が他の株式会社といわゆる関連会社の関係にある場合にも認められます。

しかし，管轄権の有無という手続を開始させる上で最も基本となる要件の判断に，企業の関連性の有無という極めて実質的な概念を持ち込むことは手続の安定性を害するおそれがあるので，関連会社間においても相互に管轄権を認めるためには，管轄権の有無を明確に判断することができるような形式的な指標が必要です。つまり，一見して管轄があるか否かを判断することができる必要があります。

そこで，改正法は，平成14年商法改正で導入された連結親子会社の概念により，その基準としました。

すなわち，株式会社が株式会社の監査等に関する商法の特例に関する法律（以下「商法特例法」といいます）第1条の2第1項に規定する「大会社」に該当する場合には，その大会社は，同条第4項に規定する連結子会社（当該大会社の直前の決算期において当該連結子会社に係る連結計算書類が作成され，かつ，定時総会において当該連結計算書類が報告されたものに限ります）についての更生事件が係属する裁判所に，更生手続開始の申立てをすることができます（改正法第5条第2項第4号）。

また，その逆，すなわち，連結子会社は，上記のような大会社について

の更生事件が係属する裁判所に，更生手続開始の申立てをすることができます（改正法第5条第2項第5号）。

3 東京地方裁判所または大阪地方裁判所

　改正法は，東京地方裁判所または大阪地方裁判所にも更生事件の競合管轄を認めており（改正法第5条第2項第6号），更生会社は，全国どこからでも，東京地方裁判所または大阪地方裁判所に更生手続開始の申立てをすることができることとしました。

　これは，更生手続は一般的に債権者も多数に上り，企業や会社財産の規模も大きく，負債総額も多額になるなど大規模な事件が多く，また，更生計画の履行可能性等について判断するなど法的倒産手続のうちでも極めて専門性・特殊性が強いことから，これまで更生事件を数多く取り扱い，これを専門的に処理する体制が整っている両地方裁判所に管轄権を認めたものです。

　この趣旨の規定は，すでに特許権等に関する訴えの管轄（民事訴訟法第6条）のほか，更生特例法にも置かれているところです（更生特例法第2条の2第1項）。

　なお，立法段階での議論では，両裁判所以外にも高等裁判所所在地を管轄する地方裁判所にも競合管轄を認めるという考え方や特許権等に関する訴えの管轄と同様に，全国を東西に分け，主たる営業所が東日本にあるときは東京地方裁判所に，西日本にあるときは大阪地方裁判所に競合管轄を認めるという考え方もありましたが，更生事件の申立てが破産事件や民事再生事件ほど多数に上ることはないこと，事案に適した管財人を選任するための便宜などが重視された結果，改正法のような内容に決まりました。

4 移　送

　旧法では，裁判所は著しい損害または遅滞を避けるため必要があると認めるときは，職権で，更生事件を，①更生会社の他の営業所，または，②

財産の所在地を管轄する裁判所に移送することができるとしていました（旧法第7条）。

　これは，更生事件の迅速かつ適正な遂行のために，更生事件の管轄が専属管轄である（旧法第6条，改正法第6条）ことの例外として，定められているものです。

　改正法では，前記のように，更生事件の競合管轄を複数認める規定を新設したことに伴い，①及び②の裁判所のほかにも，新たに競合管轄を認められた裁判所に対する移送もできることとしました（改正法第7条）。

【更生事件の競合管轄】

①　本店所在地を管轄する地方裁判所
②　親子会社及び連結親子会社の一方の更生事件が係属している地方裁判所（新設）
③　東京地方裁判所または大阪地方裁判所（新設）

2-3 更生手続開始申立書の記載事項及び添付書面

Q 更生手続開始申立書には，どのような事項を記載しなければならないのですか。また，申立書にはどのような書面を添付する必要があるのですか。

A 更生手続開始の申立ては書面でする必要があります。申立書の記載事項及び添付書面は，会社更生規則において，具体的に定められています。

1 更生手続開始の申立て

　株式会社たる債務者は，当該株式会社に更生手続開始原因となる事実があるときは，当該株式会社について更生手続の開始の申立てをすることができます（改正法第17条第1項）。
　この開始原因事実としては，次の2つがあります。
　①　破産の原因となる事実が生ずるおそれがある場合
　②　弁済期にある債務を弁済することとすれば，その事業の継続に著しい支障を来すおそれがある場合
　また，①の開始原因事実があるときは，当該株式会社の資本の額の10分の1以上に当たる債権を有する債権者，当該株式会社の総株主の議決権の10分の1以上を有する株主も更生手続開始の申立てをすることができます（改正法第17条第2項）。

2 申立書の記載事項

　旧法では，更生手続開始の申立書の記載事項は，旧法第32条第2項・第3項に列記されていましたが，改正法では，申立書の記載事項は，会社更生規則で定められています。

すなわち，同規則は，更生手続開始の申立ては原則として，書面でしなければならないと定め（会社更生規則第1条第1項），以下のように申立書の記載事項を定めています。

1）申立書の必要的記載事項

　更生手続開始の申立書には，次の事項を記載しなければなりません（会社更生規則第11条）。

---
① 申立人の氏名または名称及び住所並びに法定代理人の氏名及び住所
② 更生手続開始の申立てに係る株式会社（被申立会社）の商号及び本店の所在地並びに代表者の氏名及び住所
③ 申立ての趣旨
④ 更生手続開始の原因となる事実
⑤ 申立人が債権者であるときは，その有する債権の内容（金銭の支払いを目的としない債権にあっては，その評価額を含む）及び原因
⑥ 申立人が株主であるときは，その有する議決権の額

2）申立書の実質的記載事項

　更生手続の申立書には，必要的記載事項のほか，次の事項も記載するものとされています（会社更生規則第12条第1項）。ただし，被申立会社以外の者が更生手続開始の申立てをする場合には，その者が知らず，かつ，知ることが著しく困難なものについては，記載する必要はありません（同条項但書）。

　また，債務者たる株式会社が更生手続開始の申立てをする場合において，やむを得ない事由により，申立書にこれらの事項を記載することができないときは，申立書の提出後速やかに，これらの事項を記載した書面を提出するものとされています（同条第2項）。

---
① 被申立会社の目的，法第99条（役員の財産に対する保全処分）第1項第1号の役員（発起人を除く）の氏名，資本の額，株式の状況その他の

被申立会社の概要
② 　被申立会社の事業の内容及び状況ならびに使用人の状況
③ 　被申立会社の営業所の名称及び所在地ならびに当該営業所が主たる営業所（外国に主たる営業所がある場合にあっては，日本における主たる営業所）であるかどうかの別
④ 　被申立会社の資産，負債その他の財産の状況
⑤ 　更生手続開始の原因となる事実が生じるに至った事情
⑥ 　被申立会社の財産に関してされている他の手続または処分で申立人に知れているもの
⑦ 　更生手続に関して申立人の意見があるときは，その意見
⑧ 　被申立会社について次のイまたはロに掲げる者があるときは，それぞれイまたはロに定める事項
　　イ　被申立会社の使用人で組織する労働組合がある場合における当該労働組合の名称，主たる事務所の所在地，組合員の数及び代表者の氏名
　　ロ　被申立会社の使用人の過半数を代表する者がある場合におけるその者の氏名及び住所
⑨ 　法第5条第2項第2号から第5号までに規定する更生事件があるときは，その更生事件が係属する裁判所，その更生事件の表示及びその更生事件における更生会社または開始前会社の商号
⑩ 　被申立会社について外国倒産処理手続機関があるときは，その外国倒産処理手続の概要
⑪ 　被申立会社について規則第7条第2項の規定による通知をすべき機関があるときは，その機関の名称及び所在地
⑫ 　申立人または代理人の郵便番号及び電話番号（ファクシミリの番号を含む）

3 申立書の添付書類

　さらに，申立書には，次に掲げる書面を添付するものとされています。ただし，被申立会社以外の者が申立てをする場合には，当該書類のうちその者が保有しておらず，かつその者において入手し，または作成することが著しく困難なものについては，添付する必要はありません（会社更生規則第13条第1項）。

また，債務者たる株式会社が更生手続開始の申立てをする場合において，やむを得ない事由により，申立書にこれらの添付書類の全部または一部を添付することができないときは，申立書の提出後速やかに，当該書類を提出するものとされています（同条第 2 項）。

① 被申立会社の定款
② 更生手続開始の申立ての日前 3 年以内に作成された被申立会社の貸借対照表及び損益計算書
③ 株主名簿，端株原簿，新株予約権原簿及び社債原簿
④ 被申立会社が労働協約を締結し，または就業規則を作成しているときは，当該労働協約または就業規則
⑤ 更生債権者となることが見込まれる者の氏名または名称及びその有する債権の内容を記載した一覧表
⑥ 更生担保者となることが見込まれる者の氏名または名称及びその有する担保権の内容を記載した一覧表
⑦ 被申立会社の財産目録
⑧ 更生手続開始の申立ての日前 1 年間の被申立会社の資金繰りの実績を明らかにする書面及び更生手続開始の申立ての日以後 6 カ月間の被申立会社の資金繰りの見込みを明らかにする書面

2-4 他の手続の中止命令及び包括的禁止命令

Q 更生手続開始の申立てをしましたが，会社の財産について強制執行や国税滞納処分がなされています。これらの手続を止めることはできませんか。

A 更生手続開始の申立てがされてから更生手続の開始決定がなされるまでの期間に，更生会社の財産が散逸することなどがないように，他の手続の中止命令，包括的禁止命令（新設）などの保全処分制度を設けています。

1 保全処分

更生手続開始の申立てがされてから更生手続開始決定がなされるまでには，通常，一定の時間が必要とされますが，その間は債権者の個別的な権利行使は当然には禁止されていません。しかし，この間に債権者による強硬な権利行使等により更生会社の財産が不当に減少するなどの事態が生ずると，それは，会社再建にとって致命傷になるおそれもあります。

そこで，申立てから手続開始までの期間，会社の現状を固定し，その財産を保全する必要があるため，会社更生法は各種の保全措置を設けています。これらの保全措置は一般に保全処分と呼ばれています。

2 他の手続の中止命令等

1) 強制執行等の中止命令

裁判所は，①更生手続開始の申立てがあった場合において，②必要があると認めるときは，③利害関係人の申立てによりまたは職権で，更生手続開始の申立てにつき決定があるまでの間，次に掲げる手続の中止を命ずることができます（改正法第24条第1項）。

第2章　更生手続開始の申立て　27

①　更生会社についての破産手続，再生手続,整理手続または特別清算手続
②　手続開始前に更生会社の財産に対してすでにされている強制執行等（更生債権等に基づく強制執行，仮差押え，仮処分もしくは担保権の実行としての競売または更生債権等を被担保債権とする留置権による競売）
　　ただし，これらの手続の申立人である更生債権者等に不当な損害を及ぼすおそれのない場合に限ります。
③　手続開始前に更生会社に対してすでにされている企業担保権の実行手続
④　更生会社の財産関係の訴訟手続
⑤　更生会社の財産関係の事件で行政庁に係属しているものの手続

2）国税滞納処分の中止命令

さらに，裁判所は，①更生手続開始の申立てがあった場合において，②必要があると認めるときは，③職権で，手続開始前に更生会社の財産に対してすでにされている国税滞納処分の中止を命ずることができます（改正法第24条第2項）。

なお，この国税滞納処分には，共益債権を徴収するためのものを除き，国税滞納処分の例による処分（共益債権を徴収するためのものを除く）を含みます。

ただし，この場合には，裁判所は，④あらかじめ，徴収の権限を有する者の意見を聴かなければなりません（同条項但書）。

また，国税滞納処分に対する中止命令は，更生手続開始の申立てについて決定があったとき，または中止命令の日から2カ月を経過したときはその効力を失います（改正法第24条第3項）。

3　包括的禁止命令

1）制度趣旨

多数の資産を有している更生会社について，債権者が更生手続開始申立

て後手続開始決定前に多数の個別執行をしてきた場合，個別の執行手続が係属するごとに中止命令を申し立てなければならないとすると，それは極めて煩雑なものとなり，更生会社の事業の継続等に支障を生じ，更生手続の目的を十分に達成できなくなるおそれがあります。

そこで，改正法は，民事再生法で初めて導入された包括的禁止命令の制度を更生手続にも導入し，更生会社の財産に対する権利行使を一律に禁止することを可能にしました。

2）手続・効果

裁判所は，①更生手続開始の申立てがあった場合において，②第24条第1項第2号または第2項の規定による中止命令によっては更生手続の目的を十分に達成することができないおそれがあると認めるべき特別の事情があるときは，③利害関係人の申立てによりまたは職権で，更生手続開始の申立てにつき決定があるまでの間，すべての更生債権者等に対し，強制執行等または国税滞納処分の禁止を命ずることができます（改正法第25条第1項本文）。ただし，この命令を発することができるのは，④事前にまたは同時に，手続開始前に会社の主要な財産に関し，第28条第1項の規定による保全処分（会社財産の処分禁止の仮処分等）をした場合または第30条第2項に規定する保全管理命令もしくは第35条第2項に規定する監督命令をした場合に限ります（同条項但書）。

また，包括的禁止命令が発せられた場合には，更生会社の財産に対してすでにされている強制執行等は更生手続開始の申立てについての決定があった時まで，国税滞納処分はかかる決定があった時または当該包括的禁止命令の日から2カ月が経過した時のいずれか早い時までの間中止します（改正法第25条第3項）。

なお，会社更生法の包括的禁止命令は，更生会社の財産に対する権利行使を一律に禁止するという制度趣旨に鑑みて，無担保で優先権のない再生債権に基づく強制執行等を禁止（中止）するにとどまる民事再生法上のそれと異なり，一般更生債権のみならず優先更生債権，更生担保権に基づく

権利行使をもその対象としています。

3）一定の範囲に属する強制執行等の除外

　包括的禁止命令は，更生会社の財産に対する権利行使を一律に禁止するという強力な効果を有するものですが，裁判所は，包括的禁止命令を発する場合において，相当と認めるときは，一定の範囲に属する強制執行等または国税滞納処分を包括的禁止命令の対象から除外することができます（改正法第25条第2項）。

　この点，民事再生法では，包括的禁止命令により特定の再生債権者に不当な損害を及ぼすおそれがある場合には，当該再生債権者の申立てにより，その者との関係で包括的禁止命令を解除する制度が設けられていますが（民事再生法第29条），更生手続における包括的禁止命令が前記のように，一般更生債権のみならず優先更生債権，更生担保権に基づく権利行使をも包括的にその対象とするという強力な効力を有することなどに鑑み，民事再生法の包括的禁止命令の解除の制度を一歩進めて，一定の範囲に属する更生債権等（労働債権等）についてあらかじめ包括的禁止命令の対象から除外する制度を導入したのです。

【他の手続の中止命令及び包括的禁止命令】

他の手続の中止命令等		包括的禁止命令
個々の強制執行等に対して個別に対応	→ 煩雑	更生会社の財産に対する権利行使を一律に禁止

2-5 更生手続開始前における中止した強制執行等の取消し

Q 更生手続開始決定前の会社の財産に対する強制執行や国税滞納処分を取消すことはできますか。

A 改正法は，更生手続開始決定前（保全段階）においても，裁判所が，中止命令または包括的禁止命令によって中止させた強制執行等を取消すことができる制度を導入しました。

1 制度趣旨

更生手続開始決定前においても，裁判所は，更生債権または更生担保権に基づいて更生会社の財産に対してされている強制執行等，国税滞納処分について，他の手続の中止命令等（改正法第24条第1項・第2項），包括的禁止命令（改正法第25条第1項）により，個別に，あるいは一律に当該手続を中止あるいは禁止させることができます。

しかし，強制執行等の中止は，その後の手続の進行を許さないだけであり，当該手続の効力を消滅させるものではないところ，更生会社の状況によっては，その対象となっている財産を換価したり，再建のため事業の用に供したりする必要がある事態もあり得ます。

このような場合には，単に当該強制執行等を中止させるだけにとどまらず，当該手続を取消すことも可能とすることが必要です。

この点，実は，旧法においても，更生手続開始決定後において中止した手続または処分の取消しの制度は存在したのですが（旧法第67条第6項），それを保全段階まで前倒しすべきという要請がありました。

2 保全段階における中止した手続等の取消し

そこで，改正法は，更生手続開始決定前（保全段階）においても中止し

た強制執行等を取消すことができる制度を導入しました。

　すなわち，裁判所は，①更生手続開始前の更生会社の事業の継続のために特に必要があると認めるときは，②当該会社（保全管理人が選任されている場合にあっては，保全管理人）の申立てにより，③担保を立てさせて，他の手続の中止命令等（改正法第24条），また包括的禁止命令（改正法第25条）によって中止した強制執行等，国税滞納処分の取消しを命ずることができます（改正法第24条第5項本文，第25条第5項本文）。

　なお，民事再生法にも同趣旨の規定があります（民事再生法第26条第3項，第27条第4項）。

　この「更生会社の事業の継続のために特に必要があると認めるとき」とは，強制執行等を取り消して，当該財産を更生会社が利用できる状態にしなければ，早晩更生会社の事業を継続することができないような場合を意味するものです。典型的なものとしては，更生会社がその原材料等を差し押えられたような場合が想定されます。

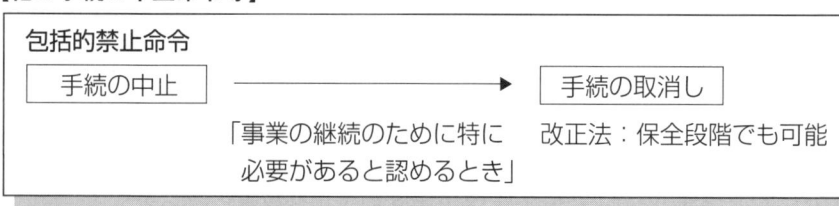

　また，更生手続開始前に強制執行等の取消しを認めるものであるため，仮に更生手続開始申立てが棄却されれば，更生債権・更生担保権に基づく強制執行等によって当該債権者が得ていた優先的地位が失われることによって損害が生じるおそれがあるので，当該債権者の利益保護の観点から，取消しにあたっては担保を立てることを必要的な要件にしています。

　なお，国税滞納処分の取消しを命ずる場合には，裁判所は，あらかじめ徴収の権限を有する者の意見を聴かなければなりません（改正法第24条第5項但書，第25条第5項但書）。

【他の手続の中止命令等】

包括的禁止命令

手続の中止　→　手続の取消し

「事業の継続のために特に　　改正法：保全段階でも可能
必要があると認めるとき」

2-6 更生手続開始前における商事留置権消滅請求

Q 更生手続開始決定前の会社の財産が,商事留置権の対象物件として債権者に留置されています。この財産を取り戻すことはできませんか。

A 改正法では,更生会社(保全管理人)は,更生手続開始決定前であっても,更生会社の事業の継続に欠くことができない財産に属する商事留置権について,裁判所の許可を得て,当該財産の価額相当額を弁済して留置権の消滅を請求することができる制度が導入されました。

1 旧法の定め及び実務

　商法の規定による留置権(商事留置権)は,更生手続開始決定後は更生担保権として扱われ,更生計画によるほか債権の弁済を受けることはできませんが,弁済を受けるまでは留置権の目的物を留置する権利を失いません。
　例えば,倉庫会社や運送会社が更生会社との寄託契約や運送契約に基づき,その商品等を占有している場合には,その代金全額の支払いを受けるまで,その商品等を更生会社に引き渡す必要はありません。
　したがって,その目的物(商品等)が更生会社の事業の継続に不可欠なものであるときなどには,倉庫会社や運送会社による当該留置権の行使が会社再建にとって重大な障害になるケースが出てきます。
　そこで,旧法では,管財人が,更生手続開始決定後に,その目的物の価額または商事留置権の被担保債権の額のうち,いずれか低い価額に相当する金銭を供託して,留置権の消滅を請求でき,その場合,当該留置権を有していた者(旧留置権者)は,その供託金の上に質権者と同一の権利を有するという制度を定めていました(旧法第161条の2第1項・第2項)。
　しかし,更生手続においては,倉庫会社や運送会社に押さえられた商品

や半製品等を更生会社が取り戻す必要性は，更生手続開始決定後よりも，申立て直後の保全段階の方が高いといえます。

そこで，旧法下においては，実務上，更生会社が留置権者に対し，被担保債権の一部あるいは全額を弁済する一方，留置権者が当該目的物を更生会社に返還するという内容の和解をするといったことが数多く行われてきました。

2 保全段階における商事留置権消滅請求権

前記のような実務上の要請及び運用に対処するため，改正法は，更生手続申立て後開始決定前（保全段階）における商事留置権消滅請求の制度を新設しました。

1）保全段階に前倒しする場合の問題点

もっとも，旧法の商事留置権消滅請求を単純に保全段階に導入した場合には，次のような問題点があります。

つまり，保全段階において当該消滅請求を行おうとすると，その段階ではいつ開始決定がされるか不明ですから，更生会社は，とりあえず，被担保債権の元本に消滅請求権行使時までの利息・損害金を加算した額を供託する他ないところ，消滅した留置権を有していた者（旧留置権者）は，開始決定後は「質権者と同一の権利」を有する更生債権者として取り扱われるため，供託額がそのまま更生担保権の額とならざるを得ません。

しかし，一般に，更生担保権評価の基準時は開始決定時とされていることからすると，そのままでは，旧留置権者の更生担保権とその他の更生担保権の評価の基準時が異なってしまうし，本来，更生担保権の範囲に含まれるべき消滅請求行使時から開始決定時まで及び開始決定後1年分の利息・損害金について，更生担保権として取り扱われないという不利益を受けることになります（旧法においては，被担保債権額を供託する場合の被担保債権の範囲は，供託の時期を問わず，更生手続開始時より1年分の利息・損害金を含めた額とされていました）。

また,「質権者と同一の権利」が認められる旧留置権者が直ちにその権利を実行することを認めることとすると,本来,留置的効力しか有しない旧留置権者に物上代位による優先弁済を認めるのと等しい結果となり,他の担保権者との間で不公平を生じてしまいます。

　そこで,このような問題点を回避するために,改正法は,当該被担保債権に共益費用的な性格が認められること,及び裁判所の許可を要件とした上で,端的に留置権によって担保された債権額または留置権の目的の価額のうち少ない方を留置権者に弁済することを認めるものとしました。

2) 改正法の定め

　具体的には,改正法では,次のように定められました。

　更生会社は,更生手続開始決定前であっても,商事留置権の目的たる更生会社の財産が更生会社の事業の継続に欠くことのできないものであるときは,更生手続開始申立てにつき決定があるまでの間,裁判所の許可を得て,当該財産の価額に相当する金銭を当該留置権者に弁済して,当該留置権の消滅を請求することができます(改正法第29条第1項～第3項)。

　そして,この弁済の額が当該財産の価額を満たすときは,当該弁済の時または当該請求の時のいずれか遅い時に,当該留置権は消滅します(改正法第29条第4項)。

　そして,これにより当該留置権が消滅したことを原因とする当該財産の返還請求訴訟においては,その弁済の額が当該財産の価額を満たさない場合においても,原告の申立てがあり,当該訴訟の受訴裁判所が相当と認めるときは,受訴裁判所は,相当の期間内に不足額を弁済することを条件として,当該留置権者に対して,当該財産の返還を命ずることができます(改正法第29条第5項)。

【保全段階における商事留置権消滅請求】

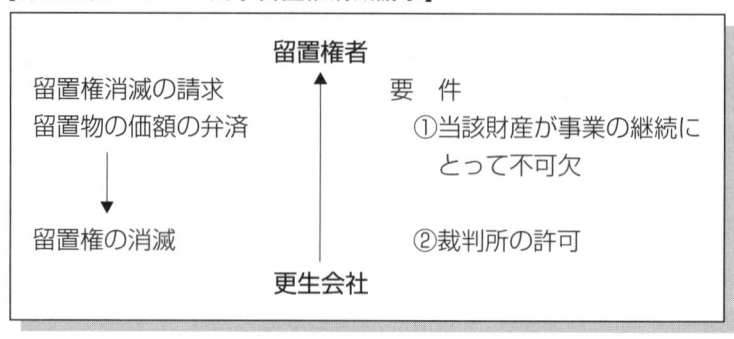

```
                    留置権者
                      ↑
留置権消滅の請求        要　件
留置物の価額の弁済        ①当該財産が事業の継続に
      ↓                    とって不可欠
留置権の消滅
                      ↑    ②裁判所の許可
                    更生会社
```

2-7 更生手続開始前の借入金等の扱い

Q 更生手続開始の申立てをした会社から，運転資金の融資を申し込まれています。更生手続開始決定はまだ出ていません。この段階で融資をした場合，その債権はどのように扱われますか。また，保全管理人が選任されている場合と選任されていない場合とで違いがありますか。

A 保全管理人が更生会社の業務及び財産に関し権限に基づいてした行為によって生じた請求権は，裁判所の許可を得ることなく共益債権とされることになりました。また，保全管理人が選任されていない更生会社が更生手続開始申立て後開始決定前に事業の継続に欠くことのできない行為をした場合には，裁判所の許可または監督委員の承認を得ることを条件に，その行為によって生じた相手方の請求権は共益債権とされます。

1 開始前の借入金等の共益債権化の必要性及び旧法の定め

　更生手続においては，更生会社に対し，更生手続開始決定前の原因に基づいて生じた財産上の請求権は更生債権とされ（改正法第2条第8項），更生債権は，更生手続開始決定後は，原則として更生計画に定めるところによらなければ，弁済を受けるなどして債権の満足を得ることはできません（改正法第47条第1項）。

　したがって，更生会社が更生手続開始申立て後更生手続開始決定までの間の保全段階において，資金を借り入れたり，原材料を仕入れるなどの行為をしても，それに基づく請求権は原則として更生債権となってしまいます。

　しかし，更生手続は事業の継続・維持を目的とする制度であり，更生会社は，保全段階であっても可能な限り操業を中断することなく継続する必要があるところ，かかる原則を貫いてしまうと，保全期間においては，更生会社に資金を貸し付けたり，あるいは原材料を仕入れる者はいなくなり，

事業の再建は極めて困難なものになってしまいます。

　そこで，旧法においても，昭和42年の改正法により，保全段階における更生会社の借入金等を共益債権化する旨の規定が定められていました。

　すなわち，更生会社の取締役，執行役または保全管理人が更生手続開始の申立て後更生手続開始前に，①裁判所の許可を得て，②資金の借入れ，原材料の購入その他会社の事業の継続に欠くことのできない行為をしたときは，その行為によって生じた請求権は，共益債権とするとされていました（旧法第119条の３）。

2 保全管理人の行為によって生じた請求権の共益債権化

　改正法は，第一に，保全管理人が更生会社の業務及び財産に関し，その権限に基づいて行った資金の借入れその他の行為によって生じた請求権は共益債権となると定め（改正法第128条第１項），旧法では共益債権化のために必要とされていた，①当該行為が更生会社の事業の継続に不可欠であること，及び，②裁判所の許可という２つの要件を不要としました。

　かかる改正法の趣旨は以下のようなものです。

　まず，保全管理人は善良な管理者の注意をもって，その職務を行わなければならず（改正法第34条第１項，第80条），更生会社の「常務」に属しない行為をするには，裁判所の許可を得なければならない（改正法第32条第１項但書）。また，裁判所は，保全管財人が重要な財産的行為をするには裁判所の許可を要するとすることができます（改正法第32条第３項、第72条第２項）。つまり，保全管理人が一定の額以上の借入れをするとか重要な財産的行為をしようとする場合には，これらの規定により裁判所の許可が必要となり，かかる範囲で保全管理人の行為に裁判所の監督が及ぶという制度的保障が存在しています。

　また，裁判所は役員責任等査定決定（改正法第100条第１項）を受けるおそれがあると認められる者は，保全管理人に選任することはできないとされています（改正法第30条第２項但書，第67条第３項）。

以上のような保全管理人の注意義務，裁判所による監督制度及び保全管理人の被選任資格に鑑みれば，保全管理人が更生会社の事業の継続に不必要な行為をすることは極めて考えにくいといえます。
　そこで，保全段階における事業の継続を円滑にするため，裁判所の許可の要件を不要としたのです。
　さらに，事業の継続に不可欠かどうかという要件を必要とすると，その判断を更生会社の取引の相手方に強いることになり，相手方の保護という観点からも問題があると考えられるので，この要件も不要とされました。
　したがって，保全管理人が選任されている場合には，設問の融資は，当然に共益債権として扱われます。

3　監督委員による共益債権化の承認

　次に，保全管理人が選任されていない場合においては，改正法においても，共益債権化の濫用を防止するため，更生会社が更生手続開始決定前に，資金の借入れ等その他更生会社の事業の継続に欠くことのできない行為をする場合には，その相手方の請求権を共益債権とする旨の裁判所の許可を得た場合に，当該請求権は共益債権となると定めています（旧法と同じ。改正法第128条第2項・第4項）。
　ただし，改正法は，監督委員が選任されている場合には，裁判所が，監督委員に対し，裁判所の許可に代わる共益債権化の承認をする権限を付与し，更生手続の迅速化をはかることにしました。
　すなわち，更生会社は裁判所の許可に代わる監督委員の承認を得て資金の借入れ等の行為を行えば，その行為によって生じた相手方の請求権は共益債権となります（改正法第128条第3項・第4項）。
　これは，裁判所から特に権限を付与された監督委員によってその承認を要するものとされているので，共益債権化の濫用を懸念する必要がないという考慮に基づいています。
　したがって，保全管理人も監督委員も選任されていない場合には，設問

の融資は，共益債権とする旨の裁判所の許可がなければ，共益債権となりませんが，監督委員が選任されている場合には，裁判所の許可のみではなくそれに代わる監督委員の承認がなされたときにも，当該融資は共益債権となります。

【開始決定前の借入金等の共益債権化の要件】

監督委員も保全管理人も選任されていない場合	① 当該借入れが更生会社の事業の継続に不可欠であること 及び ② 裁判所の許可
監督委員が選任されている場合	① 当該借入れが更生会社の事業の継続に不可欠であること 及び ② 裁判所の許可 または ③ 監督委員の承認
保全管理人が選任されている場合	不　要

第3章

更生手続開始決定

3-1 更生手続開始の要件

Q 更生手続開始決定を受けるためには，どのような要件が必要ですか。

A 更生手続は，債務者に手続開始原因がある場合に，申立権者による適法な申立てがあり，かつ，申立ての棄却事由が存在しないときに，開始されます。なお，改正法では，手続の迅速化の要請から，更生手続の開始要件が緩和されました。

1 更生手続の開始原因

　株式会社は，更生手続開始の原因となる事実があるときは，更生手続開始の申立てをすることができ，この開始原因としては，次の2つがあります。

① 破産の原因たる事実が生ずるおそれがある場合（改正法第17条第1項第1号）

　株式会社における破産の原因たる事実（破産原因）は，支払不能及び債務超過ですが（破産法第126条第1項，第127条第1項），更生手続の開始原因としては，その「おそれ」があることで足ります。

　つまり，破産原因事実が存在しなくても，事態がそのまま推移すれば支払不能あるいは債務超過が生じることが客観的に予期される状況であれば，破産原因事実の生ずる「おそれ」があるといえます。

② 弁済期にある債務を弁済することとすれば，その事業の継続に著しい支障を来たすおそれがある場合（改正法第17条第1項第2号）

　これは，会社の流動資産が不足し，これを調達して，債務を弁済しようとすれば，必然的に事業の継続に重大な支障を生ずるときのことなどを指します。

例えば，更生会社の主要な生産設備の売却や会社の破綻に繋がる高利の借入れ等を行わない限り，債務を弁済できない場合などです。

2 申立ての棄却事由

改正法では，更生手続開始申立ての棄却事由として，次の4つの事由を掲げ，裁判所はこれらの棄却事由が存在しないときに，更生手続開始決定をします（改正法第41条第1項）。

① 更生手続の費用の予納がないとき（同条項第1号）。
② 裁判所に破産手続，再生手続，整理手続又は特別清算手続が係属し，その手続によることが債権者の一般の利益に適合するとき（同条項第2号）。

これは，これらの手続を進めるほうが，更生手続によるよりも，債権者にとって，より多くの配当・弁済を受けることが期待できるような場合です。

③ 事業の継続を内容とする更生計画案の作成若しくは可決の見込み又は事業の継続を内容とする更生計画の認可の見込みがないことが明らかであるとき（同条項第3号）。
④ 不当な目的で更生手続開始の申立てがされたとき，その他申立てが誠実にされたものでないとき（同条項第4号）。

これは，債務者が一時的に債権者からの取立てを回避し，時間稼ぎをはかる等，真に更生手続を進める意思がないのに，申立てをした場合などが典型例です。

以上の棄却事由のうち，③については，旧法においては，「更生の見込みがないとき」と規定されていました（旧法第38条第5号）。

しかし，これでは，裁判所が更生手続開始の可否を決定する段階で，「更生の見込み」の有無という，実体的・経営的判断をせざるを得なくなり，このことが更生手続の開始決定が遅れる原因であるとの批判がありま

した。

　そこで，改正法では，更生手続の迅速化の要請から，この要件を「更生計画案の作成・可決の見込み等がないことが明らかであるとき」という手続的要件に改めて，裁判所の経営的判断を経ることなく，棄却事由の有無を判断できるように改めました。

【手続の開始要件】

旧　法	改正法
「更生の見込みがないとき」 （経営的判断が必要）	→　「更生計画案の作成・可決の見込み等がないことが明らかであるとき」 （経営的判断は不要）

手続の迅速化の要請

3-2　更生手続開始の公告及び通知

Q 裁判所が更生手続開始の決定をしたときは，どのような公告及び通知がなされますか。

A 裁判所は，更生手続開始決定がなされたときは，法定の事項を公告し，管財人，更生会社，知れたる更生債権者等に対して公告事項を通知する必要があります。改正法では，手続の合理化の観点から，公告の方法，通知先などが簡素化されました。

1 公　告

　裁判所は，更生手続開始の決定をしたときは，直ちに，次に掲げる事項を公告しなければなりません（改正法第43条第1項本文）。ただし，⑤に規定する社債管理会社等がないときには，⑤に掲げる事項については，公告する必要はありません（同条項但書）。

① 更生手続開始の決定の主文
② 管財人の氏名または名称
③ 更生債権等の届出期間・調査期間
④ 財産所持者等（更生会社の財産の所持者及び更生会社に対して債務を負担する者）は，更生会社にその財産を交付し，または弁済をしてはならない旨
⑤ 更生会社が発行した社債について社債管理会社等がある場合における当該社債についての更生債権者等の議決権は，当該社債について更生債権等の届出をしたときなど一定の場合（第190条第1項各号のいずれかに該当する場合）でなければ行使することができない旨

2 公告の方法

　会社更生法の規定によってする公告は，官報に掲載してするものとされ（改正法第10条第1項），公告は，官報に掲載された日の翌日に，その効力を生じます（同条第2項）。

　公告の方法については，旧法では，官報及び裁判所の指定する新聞紙に掲載してするものとされていました（旧法第12条第1項）。しかし，実務では，戦時民事特別法廃止法附則第2項及び戦時民事特別法第3条により，官報への掲載のみが行われていますが，これによって何ら特段の支障も生じていません。

　そこで，改正法では，民事再生法第10条第1項にならって，公告方法の簡易化をはかるため，官報に掲載することのみを公告の方法としました。

　なお，公告の方法としての新聞紙への掲載を廃止したことに伴い，小規模な更生事件について，新聞紙への掲載に代わる掲示による公告を定める旨の旧法の規定（旧法第13条）は削除されました。

3 通　知

　裁判所は，更生手続開始の決定をしたときは，管財人，更生会社，ならびに，知れたる更生債権者等，株主等（株主及び端株主）及び財産所持者等（前記 ■1 ④）には，前記 ■1 の公告すべき事項を通知しなければなりません（改正法第43条第2項前段）。

　また，保全管理命令，監督命令または調査命令があった場合には，それぞれ保全管理人，監督委員，調査委員にも，同様の事項を通知しなければなりません（同条項後段）。

　なお，改正法においては，更生会社が債務超過の状態にあることが明らかであるときは，株主等に対しては通知をする必要はない旨の規定が新設されました（同条第3項）。

　これは，更生会社が債務超過状態にある場合には，株主は実質的に更生会社に対する権利を失っているという理由に基づいています。

4 監督官庁等に対する通知の見直し

　旧法においては，裁判所は，更生手続開始の決定をした場合には，公告事項及び調査委員の意見の要旨を，更生会社の業務を監督する行政庁，法務大臣及び金融庁長官に通知しなければならないとされていました（旧法第48条）。

　しかし，この規定に対しては，従来から，このような通知を行う合理的理由に乏しい，また，通知先である「会社の業務を監督する行政庁」の範囲が不明確であるとの指摘がなされていました。

　そこで，改正法においては，手続の合理化をはかるため，かかる通知の制度は廃止され，それに伴い，有価証券報告書に関する証券取引法の特例（旧法第266条）も廃止されます。

　その上で，会社更生規則では，裁判所書記官は，更生手続開始の申立てがあったときは，更生会社の本店等の所在地を管轄する税務署の長・公共団体（都道府県市町村）の長にその旨を通知しなければならず（会社更生規則第7条第1項），また，更生会社の設立または事業の開始が官庁等の機関の許可に関わる場合に，更生手続開始の決定があったときは，その旨を当該機関に通知しなければならないものとしました（会社更生規則第7条第2項）。

【改正法による改正事項】

① 公告の方法の簡素化
② 新聞紙への掲載に代わる掲示による公告の廃止
③ 債務超過会社の株主等に対する通知の廃止
④ 監督官庁等に対する通知の見直し

3-3 財産評定における評価基準

Q 更生手続開始時の財産評定では，どのような基準で更生会社の財産を評価するのですか。

A 管財人は，更生会社に属する一切の財産につき，更生手続開始後遅滞なく評価しなければなりませんが，その評価基準を更生手続開始時における「時価」としました。

1 旧法の定め

　旧法第177条は，管財人は，更生手続開始後遅滞なく，会社に属する一切の財産につき，更生手続開始時における価額を評定しなければならず（同条第1項），その評定は，「会社の事業を継続するもの」としてしなければならない（同条第2項），と定められていました。

　同条は，昭和42年の会社更生法の改正により新設された規定であり，同改正前は，財産評定の基準時及び客観的評価基準は，いずれも明確に定められていませんでした。

　しかし，更生会社の財産評定は，手続に参加することを余儀なくされる更生債権者，更生担保権者その他の利害関係人にとって重大な関心事であり，将来策定される更生計画案の基礎となるものであり，評価の基準時及び客観的評価基準を明確化する要請がありました。

　その結果，昭和42年の改正において，財産評定の基準時については，更生手続を手続開始時に更生会社の財産を観念的に清算する手続であると捉え，更生手続開始時とするものとされ，また，財産評定の客観的基準については，更生手続が更生会社の事業の維持更生を目的とした手続であることに鑑み，帳簿価額や清算価額によるのではなく，事業継続価値すなわちゴーイング・コンサーン・バリューによるべきとしました。

さらに，同改正に伴い，従来，管財人と更生担保権者との間でしばしば争いを生じていた更生担保権に係る担保権の目的の価額についても，同様に，「会社の事業が継続するものとして評定した更生手続開始の時における価額」（旧法第124条の2）とされ，財産評定と同一の基準時，客観的基準によることとされました。

■2 旧法における問題点

上記のように，昭和42年改正により，財産評定の基準時，客観的基準は条文上は明確にされましたが，その具体的な算定方法については，必ずしも確定的な方法はなく，いくつかの考え方が提唱されました。

学説上は，事業継続価値の算出方法として，当該更生会社の将来の予想純収益を資本還元（収益÷資本還元率）して対象企業の価額を定めるいわゆる収益還元法によって企業全体価値を算出し，この全体価値を個々の財産に割当て，それにより，個々の財産の価額を決定するという見解が有力とされており，判例も，収益還元法を基準とし，これに処分価額等を斟酌する考え方が一般的な傾向です。

しかし，このような収益還元法に対して，企業全体の価値は，個々の財産ごとに，それぞれ最も適切な評価方法を基にして評価し，それらを合算したものとすべきであるという見解などもあり，必ずしも収益還元法が確定的な方法とはいえず，実務の取扱いも統一されていませんでした。

また，収益還元法によって算出した企業全体価値を，合理的な根拠をもって個々の財産に割り当てることは実際にはかなり困難であるため，財産評定に長期間を要することがしばしばあり，さらに，事業継続価値が清算価格を下回る場合には，更生担保権者の権利を不当に侵害することになるなどの批判がなされていました。

■3 評価基準の明確化

以上のような批判に応えて，改正法においては，財産評定の基準を「時

価」によることを明らかにしました（改正法第83条第1項・第2項）。

　管財人は，この財産評定を完了したときは，直ちに更生手続開始時における貸借対照表及び財産目録を作成し，裁判所に提出しなければなりません（改正法第83条第3項）。

　また，これに伴い，更生担保者の担保権の目的物も，同様に，更生手続開始時における「時価」によって評価すべきとして（改正法第2条第10項），財産評定の基準時及び客観的評価基準との平仄を合わせました。

　なお，会社更生規則では，裁判所は，管財人に対し，①改正法第83条第1項の規定による評定の基礎となった資料，②この評定において用いた資産の評価の方法その他の評定の方法を記載した書面であって，更生手続の円滑な進行をはかるため利害関係人の閲覧に供する必要性が高いと認めるものを提出させることができる，としています（会社更生規則第23条）。

【更生手続開始時の評価基準】

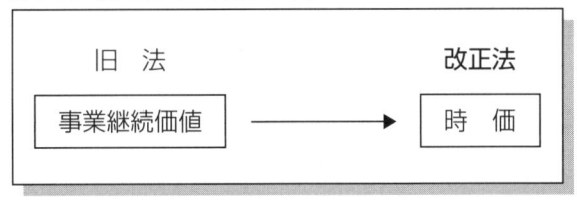

旧　法	改正法
事業継続価値 →	時　価

3-4 財産状況報告集会

Q 更生会社の財産状況等の情報は，どのように利害関係人に伝えられますか。

A 第1回関係人集会に代えて創設された財産状況報告集会において，管財人から伝えられます。財産状況報告集会が招集されない場合には，管財人は，関係人説明会の開催等の適当な措置をとらなければなりません。

1 財産状況報告集会制度の創設
1）関係人集会の任意化

　旧法では，更生手続開始の決定と同時に，裁判所は第1回の関係人集会の期日を定めなければならないとされていました（旧法第46条第2号）。

　しかし，会社更生手続においては，著しく多数の利害関係人が存在するために集会制度が機能しない場合や，多数の利害関係人が全国に散在しているため，裁判所が1カ所で第1回関係人集会を開催するよりも，管財人が全国各地で数回に分けて関係人説明会を開催した方が，利害関係人に対して，より適切に情報を提供することができる場合があり得るので，法制審議会においては，関係人集会の招集を法律上義務づけることは相当ではないとの議論がありました。そこで，改正法では関係人集会を任意化しました（改正法第114条）。

2）財産状況報告集会制度の創設・報告事項

　この点，平成12年4月に施行された民事再生法でも，債権者集会は任意的なものとされています（民事再生法第114条）。ただし，案件によっては，裁判所の主催する債権者集会において再生債務者の財産状況を報告することが望ましい場合があるため，このような目的で再生手続開始後はじめて

開催される債権者集会を財産状況報告集会（民事再生法第126条）として規定しました。

　会社更生手続においても，債権者等に対する債務者の財産状況の報告は，当然，必要な場合がありますので，改正にあたり，この要請の反映が検討されました。

　そして，旧法で規定されていた第1回関係人集会（旧法第187条）に代わる制度として，更生会社の財産状況を報告するための関係人集会である「財産状況報告集会」の制度を創設することとしました（改正法第85条第1項）。

　この財産状況報告集会においては，管財人は，更生手続開始に至った事情，更生会社の業務及び財産に関する経過及び現状等の要旨を報告しなければなりません。そして，裁判所は，管財人，更生会社，届出をした更生債権者等，株主等から，管財人の選任ならびに更生会社の業務及び財産の管理に関する事項につき，意見聴取をしなければなりません（改正法第85条第2項）。

2 関係人集会の招集制度

1）招集の申立てができる者

　関係人集会の招集の申立てができる者の範囲については，更生債権者等の手続関与の機会を拡張するため，管財人，届出があった更生債権等の全部について裁判所が評価した額の10分の1以上に当たる更生債権等を有する更生債権者等，更生会社の総株主の議決権の10分の1以上を有する株主等とし，これらの者の申立てがあった場合には，裁判所は関係人集会を招集しなければならないものと定められました（改正法第114条第1項）。これらの者の申立てがない場合であっても，裁判所は相当と認めるときは関係人集会を招集することができます（改正法同条項）。

2）債務超過の場合

　更生会社が更生手続開始時において債務超過である場合には，株主等を

第3章　更生手続開始決定　53

もって構成する委員会（株主等委員会）及び更生会社の総株主の議決権の10分の1以上を有する株主は，関係人集会の招集の申立てをすることはできないとされました（改正法第114条第2項）。

3）労働組合等の手続保障

関係人集会の期日は，更生会社の使用人の過半数で組織する労働組合があるときはその労働組合，更生会社の使用人の過半数で組織する労働組合がないときは更生会社の使用人の過半数を代表する者に通知しなければなりません（改正法第115条第3項）。

また，財産状況報告集会においては，上記の労働組合等は，管財人の選任ならびに更生会社の業務及び財産の管理に関する事項につき，意見を述べることができます（改正法第85条第3項）。

3 財産状況報告集会が招集されない場合

1）書面による意見陳述

裁判所が財産状況報告集会を招集しないこととしたときは，裁判所は，更生会社，届出をした再生債権者等，株主等，または労働組合等に対し，管財人の選任について裁判所の定める期間内に書面により意見を述べることができる旨を通知しなければなりません（改正法第85条第4項）。

2）財産状況の管財人による周知等

財産状況報告集会が招集されない場合には，管財人は，更生手続開始に至った事情等を記載して裁判所に提出した報告書（改正法第84条）の要旨を知れている更生債権者及び株主等に周知させるため，報告書の要旨を記載した書面の送付，関係人説明会の開催その他の適当な措置をとらなければならないこととする（ただし，株主等に関しては，更生会社が債務超過である場合は除く）旨の規定が，新設の会社更生規則に盛り込まれることになりました。

なお，民事再生規則でも，財産状況報告集会が招集されない場合には，再生債務者等は，財産状況等に関する報告書の要旨を再生債権者に送付し

たり，債権者説明会を開催するなどの情報提供のための適切な措置をとらなければならないものとされています（民事再生規則第63条）。

【財産状況報告集会】

① 招集の要件（改正法第114条第1項）
　(A)　管財人
　　　　更生債権者委員会
　　　　更生担保権者委員会
　　　　株主等委員会　　　　　　　　　　　　　　　からの申立て
　　　　一定額以上の更生債権等を有する更生債権者等
　　　　一定数以上の議決権を有する株主
　　　（ただし，■■の者は，更生会社が更生手続開始時において債務超過であるときには，関係人集会の申立てをすることができない。）
　もしくは，
　(B)　裁判所が相当と認めるとき

② 財産状況報告集会の目的
　(1)　管財人の下記事項の報告（改正法第85条第1項，第84条第1項）
　　　　　更生手続開始に至った事情
　　　　　更生会社の業務及び財産に関する経過及び現状
　　　　　保全処分または役員責任等査定決定を必要とする事情の有無
　　　　　その他更生手続に関し必要な事項
　(2)　意見聴取
　　　　　管財人，更生会社，届出をした再生債権者等から，管財人の選任，更生会社の業務及び財産の管理に関する事項についての意見聴取

3-5 更生担保権の目的である財産の評価

Q 更生担保権の目的である財産の価額は，どのような基準で定められますか。

A 更生手続開始の時における時価とすることが明文で定められました。

1 旧法での評価基準

旧法上，管財人は，更生手続開始後遅滞なく，更生会社に属する一切の財産につき更生手続開始の時における価額を会社の事業が継続するものとして評定しなければならないとされていました（旧法第177条）。

また，更生担保権に係る担保権の目的たる個々の財産の価額は，会社の事業が継続するものとして評定した更生手続開始時における価額と定められていました（旧法第124条の2）。

このように，旧法でも，更生担保権に係る担保権の目的の評価は帳簿価額または清算価額によるべきではなく，更生会社の事業継続を前提として評価した価額によるべきことであることは明確にされていましたが，会社の事業が継続するものとして評価する際の具体的な算定方法は必ずしも明らかではありませんでした。学説や実務上の取扱いも統一してはいませんでした。

そのため，旧法に対しては，担保権の目的の評価基準の透明性が欠けており，実務上も管財人と更生担保権者との間でしばしば紛争を生ずる原因となって手続の迅速性を著しく害しているといった指摘や，更生会社の事業継続を前提として評価した価額が清算価値を下回る場合には，更生担保権者の権利を不当に害する結果となっているとの指摘がありました。

2 改正法による評価基準の明文化

　このような指摘を踏まえ，改正法では，こうした評価基準の見直しを行いました。そして，更生担保権に係る担保権の目的の評価基準を明確にし，更生担保権の目的である財産の価額は，更生手続開始の時における時価とするものとしました（改正法第2条第10項）。

　なお，財産評定の評価基準についても，更生会社に属する一切の財産につき，更生手続開始の時における時価によって評定しなければならないと定めました（改正法第83条第1項・第2項）。

　更生担保権に係る担保権の目的の評価基準と，財産評定の評価基準とは，必ずしも同一である必要はないのですが，旧法でも同一の基準としており，これは手続構造の理解を容易にするなど合理的なものと考えられますので，改正法も上記のように同一の基準としています。

　また，改正法は，担保権の目的の客観的評価基準を「時価」と明文化していますが，これは，担保権の目的の評価において更生担保権者の権利が不当に害されることがあるという旧法への批判に答えたものです。

3 パブリック・コメント手続で寄せられた意見の検討

1）更生担保権に係る担保権の目的の評価基準

　更生担保権に係る担保権の目的の評価基準については，民事再生手続における処分価値（その内容としては，清算価値，早期売却を条件とした価格，早期処分価格，回収見込額等とする）とすべきであるとの意見が出されましたが，これは採用されませんでした。

　その理由の一つは，昭和42年の会社更生法改正においては，手続内で二重の評価を行うことにより利害関係人に生じる混乱と手続負担の増加を回避するため，財産評定における個別財産の評価基準と更生担保権に係る担保権の目的の価額の評価基準との統一をはかったため，手続の迅速性の向上を主たる目的の一つとする今回の改正においても，同一の評価基準とするのが相当であると考えられたためです。

2）時価概念のさらなる具体化

　前記■2で記載した「時価」概念について，さらに具体的な規定を設けるか否かについても，設けるべきであるとする意見が出されましたが，結局，具体的な規定は設けられませんでした。

　これは，資産評価の方法は，会計上の評価理論の発展に伴い変化するものですので，これを法令上規定することは相当とは考えられませんし，更生会社の資産も多岐にわたることを考慮すれば，資産の種類別の評価方法を法令上明文化することは困難であるといわざるを得ないと考えられたからです。なお，民事再生法や商法等においても，資産の種類別の評価方法を明示していません。

【更生担保権に係る担保権の目的の評価】

① 基準時　　　　→　更生手続開始時
② 客観的評価基準　→　時価

3-6　担保権の実行禁止の一部解除

Q 更生手続開始後に，更生会社の財産の上に存する担保権を実行することはできますか。

A 更生計画案を決議に付する旨の決定があるまでの間に，裁判所の許可を得て，更生会社の事業の再生のために必要でないことが明らかな財産について担保権の実行禁止を解除することができます。

1 担保権の実行禁止の一部解除を認める趣旨

1）旧法での規制

　更生手続開始当時に更生会社の財産の上に存する更生担保権は，更生手続開始の決定が出されると，更生手続によらなければ弁済を受けまたは更生担保権を消滅させることができません。これは改正法でも同様です（改正法第47条第1項）。

　このように更生担保権の弁済を禁止するのは，更生担保権者の自由な権利行使を認めると，更生会社の重要な財産が失われ会社更生手続による企業の再建が不可能となる場合があると考えられたためです。

　そのため旧法では，更生会社の財産の上に存する担保権の実行としての競売を禁止し（旧法第67条第1項），競売の実行を禁止する必要のない財産や遊休資産についてもこの原則が貫かれていました。

2）改正の必要性

　しかし，更生会社の財産のうち，事業の更生のために必要でないものについてまで，その上に存在する担保権の実行を一律に禁止する必要性は乏しい場合もあります。また，更生手続開始後に当該担保権の目的の価値が下落している場合には，担保権者は担保権を早期に実行することにより担保権の目的の価値を維持することを希望するものと考えられます。

そこで，これらの要請から，改正法では，担保権の実行としての競売禁止を定めた上で（改正法第50条第1項），更生担保権に係る担保権の目的である財産で，更生会社の事業の更生のために必要でないことが明らかであるときは，当該財産の上に存する担保権について，管財人の申立てまたは職権で，裁判所が担保権の実行禁止を解除する決定をすることができるものとしました（改正法第50条第7項）。

2 申立権者

この担保権の実行禁止の一部解除の申立権を有するのは管財人のみで，更生担保権者には認められていません。

この点，この制度の主眼を，「更生担保権を手続に取り込む負担の軽減」という点に置けば管財人に申立権を認めることになり，「担保権者の手続からの解放」という点に置けば更生担保権者に認めることになると思われるため，どちらがよいかについて議論がなされました。

その結果，更生会社の財産が事業の更生のために必要か否かを決定するについては，更生計画案を提出する責任を有する管財人の判断が重視されるべきであり（改正法第184条），他方，更生担保権者は，一般的にいって更生会社の業務及び財産の状況等について詳細な情報を有しているわけではないので，更生担保権者には申立権を認めないとされました。

よって，担保権の実行禁止の一部解除を望む更生担保権者としては，管財人に対して，担保権の実行禁止の一部解除の申立てをすべきであると促すなどの方法によることになるでしょう（改正法第50条第8項）。

3 管財人の報告義務

管財人が，更生担保権者から担保権の実行禁止の一部解除の申立てをすべきことを求められたにも関わらず，速やかに申立てをするか否かを決しないというような事態が起こらないよう，管財人は，直ちに裁判所に対して，更生担保権者からこの申立てをすべきことを求められたこと等を報告

しなければならないとされました（改正法第50条第8項）。そして，この申立てをしないこととした場合には，遅滞なく，その事情を裁判所に報告しなければならないものとされました（改正法同条項）。

【担保権の実行禁止の一部解除ができる場合】

① 更生計画案を決議に付する旨の決定があるまでの間であること
② 更生担保権に係る担保権の目的である財産で，更生会社の事業の更生のために必要でないことが明らかなものであること
③ 裁判所が，管財人の申立てまたは裁判所の職権で決定を出すこと

【担保権の実行禁止の一部解除の手続】

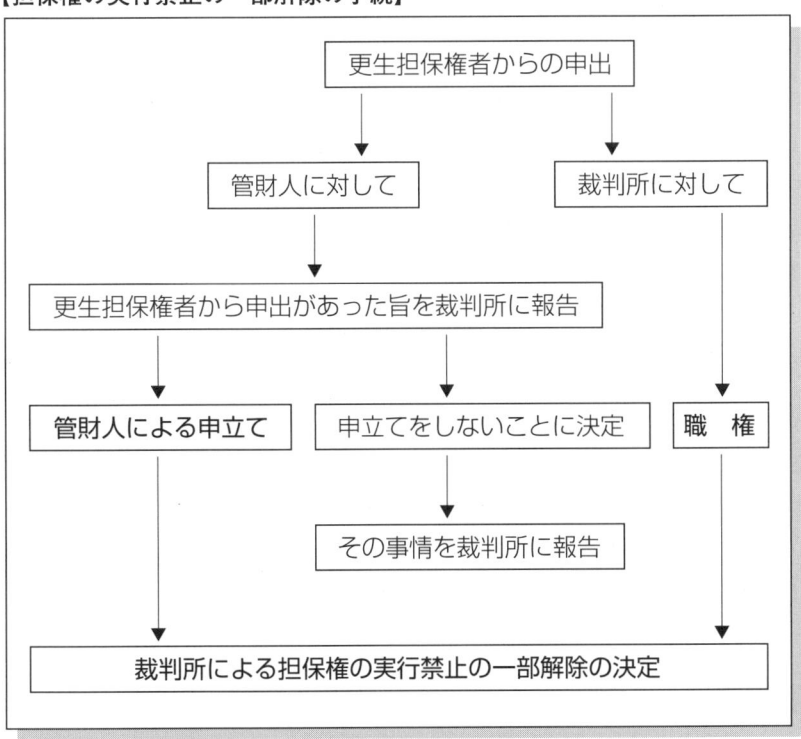

```
                    更生担保権者からの申出
                    ↓              ↓
            管財人に対して      裁判所に対して
                    ↓                    
    更生担保権者から申出があった旨を裁判所に報告
            ↓           ↓              ↓
    管財人による申立て  申立てをしないことに決定  職権
                        ↓
                その事情を裁判所に報告
            ↓                           ↓
    裁判所による担保権の実行禁止の一部解除の決定
```

3-7 担保権の実行による換価代金

Q 担保権の実行として競売手続を行った場合，その換価代金はどのように取り扱われますか。

A 更生計画においてその使途等を定め，更生計画認可の決定があったときには管財人に対して当該金銭に相当する額の金銭を交付しなければならず，更生計画認可の決定までに換価が終了しない場合には換価が終了したときに上記金銭を管財人に交付しなければなりません。

1 競売が行われた場合の換価代金の取扱い

担保権の目的について競売が実行されると，その換価代金は裁判所に納付されます（民事執行法第78条）。担保権の実行禁止の一部解除の決定（改正法第50条第7項）によって競売がなされた場合にも，その換価代金は裁判所に納付されることになります。

問題は，その納付された換価代金をどのように扱うかですが，改正法は，裁判所の解除決定を得て競売が行われた場合であっても，その換価代金によって配当等を実施することはできないとしました（改正法第51条第1項本文）。換価代金を即時に担保権者に配当することも，更生担保権者間の平等に反しますので認められません。

しかし，このように，更生手続が終了するまでの間，換価代金が裁判所に納付されたままとなっているような状態は，更生会社にとっては，せっかく換価したのにその代金を運転資金にも更生担保権の弁済原資にも利用できないという経済的合理性に欠ける結果となってしまいます。

2 管財人への交付

そこで，改正法は，更生計画認可の決定があったときには，管財人に対

して当該金銭に相当する額の金銭を交付しなければならないと定めました（改正法第51条第2項）。

また，更生計画認可の決定までに換価が終了しないことも考えられますので，その場合には，更生計画認可後も競売手続はそのまま実行され，換価が終了したときに上記金銭を管財人に交付しなければならないとしました（改正法同条項）。

3 換価代金に関する更生計画の定め

改正法では，担保権の実行禁止の一部解除の決定によってなされた競売手続において生じた配当等に充てるべき金銭の額または見込額，及びこれらの使途については，更生計画において定めることとしました（改正法第167条第1項第6号）。したがって，担保権を喪失した担保権者の利益は，更生計画における権利変更が公正・衡平になされることにより保護されることになります。

【換価代金に関して更生計画において定める事項】
- 配当等に充てるべき金銭の額または見込額
- これらの使途

3-8 更生手続によらない営業譲渡の可否

Q 会社更生手続開始決定を受けましたが，会社の資産の劣化が激しく，早急に営業譲渡をして事業を立て直す必要があります。このような場合，更生手続によらずに営業譲渡をすることができますか。

A 営業譲渡が更生会社の事業の更生のために必要である場合にのみ，更生債権者等からの意見聴取等を踏まえた裁判所の許可を得て，更生手続によらずに営業譲渡をすることができます。

1 旧法での取扱い

旧法では，「第七章　更生計画の条項」の中で，更生会社の営業の全部または一部の譲渡を，更生計画の任意的記載事項と定めていましたので（旧法第211条第2項，第217条），更生計画の認可後に，更生計画の定めによる営業譲渡は行うことができました。

しかし，更生計画認可前の営業譲渡の可否については明文の規定はありませんでした。

2 問題点

一般的に，企業が倒産状態にあることが公になると，いくら会社更生手続が再建型の手続ではあっても，その営業の価値は急速に劣化するといわれます。

会社更生手続を利用する会社の多くは大会社であるため，更生計画案の作成にも時間を要し，その更生計画案が認可されるまでに数年かかることも場合によってはあり得ます。そうすると，認可までの間に営業譲渡ができないというのでは，その間に営業価値がどんどん劣化していき，営業価値の高いうちに高い金額で譲渡して再建をはかろうと考えても，それがで

きないことになります。更生会社がせっかく優良な営業を有していてもそれを生かすことができないのです。

このようなことから，更生会社の営業の価値が劣化しないうちに，更生計画によらずに早期に営業譲渡を行って再建をはかれるような法改正の必要性が指摘されていました。

3 民事再生法による営業譲渡

平成12年4月1日に施行された民事再生法は，再生手続開始後に，再生債務者等は，再生計画の定めによらずに，裁判所の許可を得て，再生債務者の営業または事業の全部または重要な一部の譲渡を行うことができるとしました（民事再生法第42条第1項）。この場合には，裁判所は，知れたる再生債権者や労働組合等の意見聴取をしなければなりません（民事再生法第42条第2項・第3項）。

また，株式会社が営業譲渡を行うためには，商法上，株主総会の特別決議が必要です（商法第245条第1項）。しかし，必ず株主総会の特別決議を要するとすると，株主総会開催手続に時間がかかるような場合に，その間に営業価値が劣化してしまい，民事再生法第42条で営業譲渡を認めた趣旨が没却されるおそれがあります。そこで，株式会社である再生債務者が債務超過の場合には，裁判所が株主総会の特別決議に代わる許可を与えることができるとされました（民事再生法第43条）。

4 改正法及び改正法の趣旨

このように，民事再生法では，再生計画によらない営業譲渡が明文で規定されたため，会社更生法の改正でも同様の規定を設けるか否か，さらに，会社更生法に同様の規定を設ける場合に，民事再生法のような債権者及び労働組合等の意見を聴いた上で裁判所が許可をするというような規定も設けるのか，などが議論されました。

そもそも民事再生法が営業譲渡の規定を設けたのは，資産の劣化が進む

前に営業の価値を維持しつつ，適正な譲渡を行えるようにするためであり，実務ではこの営業譲渡が活用されるようになりました。そこで，会社更生法でも，更生計画によらない営業譲渡の導入は，実務的にも不可欠だということに異論はありませんでした。

一方，営業の全部または重要な一部の譲渡を行うということは，更生債権者・更生担保権者・株主等の更生会社の利害関係人に多大な影響を及ぼしますし，営業譲渡は他の事業再編行為（株式交換，株式移転，会社分割，合併等）と同様に，更生会社の経営基盤に関する重要事項の一つでもあります。

そこで，改正法は，このような営業譲渡の重要性に鑑み，原則として，営業の全部または重要な一部の譲渡は，更生計画の定めるところによらなければすることはできないものと位置付けました（改正法第46条第1項本文）。

しかし，これでは前記■2の問題点は解決できませんので，改正法は，第46条第2項ないし第8項の規定に従って営業譲渡をする場合には，更生計画の定めによらずにすることができるとして，要件を定めて早期の営業譲渡を認めました（改正法第46条第1項但書）。すなわち，更生手続開始後，更生計画案を決議に付する旨の決定がされるまでの間であれば，一定の手続を経て裁判所の許可を得た上で，営業譲渡をすることができるとしたのです（改正法第46条第2項）。

この手続については，次のＱ3-9をご覧ください。

【更生手続によらない営業譲渡の可否】

原　則 ＝ 更生手続開始後その終了までの間は，更生計画の定めによらなければ営業譲渡をすることはできない。
例　外 ＝ 更生手続開始後更生計画案を決議に付する旨の決定がされるまでの間は，裁判所の許可を得て，営業譲渡をすることができる。ただし，許可を得るには一定の手続が必要である。

3-9 更生手続によらない営業譲渡の手続

Q 更生手続によらずに営業譲渡をする場合，どのような手続を踏む必要がありますか。

A 裁判所は，営業譲渡の許可の判断をするにあたり，知れている更生債権者等の意見聴取をしなければならず，管財人は，更生会社が債務超過でない場合には，営業譲渡の相手方・時期等を公告するかまたは株主に通知しなければなりません。

1 更生計画の定めによらずに営業譲渡をする場合の手続

1）時期の制限

　管財人等から更生計画案が提出されると，裁判所は，一定の除外事由に該当する場合を除き，この更生計画案を決議に付する旨の決定をしますが（改正法第189条），更生計画によらない営業譲渡ができるのはこの決定が出されるまでの間に限るとされました（改正法第46条第2項）。

　このような時期的制限を設けたのは，この時期までに譲渡されなければ，その結果を反映させた更生計画案の作成が不可能になりますし，逆に営業譲渡自体を更生計画案に定めて更生計画によって実行することも可能と考えられるからです。

2）裁判所の許可

　管財人は，営業譲渡をなすには，裁判所の許可を得なければなりません。ただし，裁判所は，当該譲渡が更生会社の事業の更生のために必要であると認める場合に限り，許可をすることができます（改正法第46条第2項）。これは，更生会社の事業の更生のために必要のない譲渡や，不相当な対価による譲渡が行われることを防止するためです。

　この許可を得ないでした行為は，無効となります。ただし，善意の第三

者には対抗できません（改正法第46条第9項）。

3）更生債権者，更生担保権者等からの意見聴取

　裁判所は，営業譲渡の許可をする場合には，更生債権者，更生担保権者，労働組合等の意見を聴かなければなりません（改正法第46条第3項）。営業譲渡は利害関係人に重大な影響を及ぼすものであり，これらの関係者の意向を無視できないからです。

　なお，民事再生法では，再生計画によらない営業譲渡の場合に，再生債権者や労働組合等からの意見聴取の規定がありますが（民事再生法第42条第2項・第3項），会社更生は民事再生と違い，担保権者及び株主も，手続上，関係を有することになりますので，民事再生法では問題とならない更生担保権者や株主の手続関与が定められました（株主については下記 **4）** 参照）。

　ここで反対の意見が出れば，裁判所が許可を与えない方向に働く資料となると思われます。

4）公告・株主への通知

　管財人は，営業譲渡をするにあたり，あらかじめ当該譲渡の相手方，時期，対価及び当該譲渡の対象となる営業の内容等を公告するか，または株主に通知しなければなりません（改正法第46条第4項）。

　そして，この公告または通知があった日から2週間以内に，総株主の議決権の3分の1を超える議決権を有する株主が，書面をもって管財人に対し当該譲渡に反対の意思を有する旨の通知をしたときには，裁判所は営業譲渡の許可をすることはできません（改正法第46条第4項第2号，同条第7項第2号）。したがって，この場合には更生計画認可前の営業譲渡はできないということになります。

　この公告・通知は，裁判所の許可の時点で更生会社が債務超過である場合には不要です（改正法第46条第8項）。更生会社が債務超過である場合には株主権は実質的に価値を喪失していると考えられるからです。

2 株主の手続関与

1）会社更生法改正要綱試案

　旧法上も改正法上も，更生計画により営業譲渡をする場合には，株主総会の特別決議は必要ないとされており（旧法第249条，改正法第210条），この場合には株主の手続関与は制限されています。

　今回，更生計画によらない営業譲渡を認める規定を創設するにあたって，株主がどのようにこの手続に関与するかについては活発な議論がなされました。

　会社更生法改正要綱試案の段階では，株主の手続関与のあり方について，甲案（原則として商法第245条第1項の株主総会の特別決議を要し，債務超過の場合には裁判所が株主総会の特別決議に代わる許可を与えることができるとする案）と，乙案（株主総会が有する権限も当然に失われるが，株主の手続保障をはかるために，裁判所が営業譲渡の許可をする場合には株主等の意見を聴かなければならないとする案）の2案が提案されていました。この試案につき，パブリック・コメントを募集しましたが，ここでも意見が分かれていました。

2）要綱試案の修正案及び最終案

　そこで，法制審議会倒産法部会では，乙案を基本に，まず，上記要綱試案の修正案を提案しました。その内容は，裁判所が営業譲渡の許可をする場合には株主等の意見を聴かなければならないが，更生会社が債務超過でない場合には，株主からの意見聴取に代えて管財人から営業譲渡の内容等を通知し，総株主の議決権の3分の1を超える株式を有する株主の反対意見があれば，裁判所は許可をすることができないというものでした。

　この修正案は，更生手続開始後は管財人に更生会社の事業経営権及び財産管理処分権が専属するので，株主総会の権限も当然に失われ，商法第245条第1項の規定は適用されないが，株主の権利は，いわば会社の事業に対する所有権のようなものであるから，株主からの特別な意見聴取手続は必要だという趣旨で提案されました。

しかし，その後の審議で，更生会社が債務超過であれば，株主は更生会社に対して実質的に何らの利益を有していないのであるから，このような場合にまで株主の意見を聴く必要はないし，実務上も過大な負担となるとの指摘がなされたため，更生会社が債務超過である場合には，株主からの意見聴取は不要とされるに至り，最終的に，上記■1■4）のような規定になったという経緯があります。

【利害関係人に配慮した手続】

> ① 更生計画案を決議に付する旨の決定がされるまでの間に営業譲渡をするという時期的な制限がある
> ② 裁判所が許可をすることができるのは，営業譲渡が更生会社の事業の更生のために必要であると認める場合に限る
> ③ 事前の公告または株主への通知により，総株主の議決権の3分の1を超える議決権を有する株主が譲渡に反対した場合には，裁判所は許可をすることはできない
> ④ 裁判所は，更生債権者・更生担保権者・労働組合等の意見聴取をしなければならない

第4章

管財人等

4-1 管財人の選任

Q どのような人が管財人になることができますか。

A 改正法では，裁判所の役員責任等査定決定（改正法第100条第1項）を受けるおそれがあると認められる者以外の者であれば，従来の経営者でも管財人になることができます。

1 旧法上の管財人選任資格

旧法は，管財人はその職務を行うに適した者のうちから選任しなければならない（旧法第94条）と定めるだけで，これ以外に管財人の資格を制限する規定はありませんでした。

しかし，実務では，従来の経営者は，経営に関与していたということを理由に管財人や管財人代理等には選任しないという運用がなされていました。

2 民事再生法でのDIP型手続の採用

他方，民事再生法では，再生手続開始後も，再生債務者が原則として業務遂行権または財産管理処分権を失わない，いわゆるDIP型手続を採用しました（民事再生法第38条第1項）。つまり，民事再生手続においては，依然として従来の経営者が残り，再生債務者の経営にあたることが原則とされました。

こうした流れから，会社更生法においても，民事再生法と同様のDIP型手続を導入すべきであるとの指摘がなされていました。

3 会社更生法におけるDIP型手続の導入の適否

しかしながら，今回の会社更生法の改正では，以下のことを理由に，DIP型手続は導入されませんでした。

第4章 管材人等

① 取締役に更生会社の事業経営権及び財産管理処分権を残したとしても，通常は更生計画により100パーセント減資が行われるため，更生計画認可後は，取締役のこれらの権限の存立基盤が失われてしまう。
② 主として中小企業を利用対象として想定する民事再生法においては，旧経営者の人的信用や能力を活用しなければ企業の再建が困難であるのが通常だが，大規模な株式会社を利用対象として想定する会社更生法においては，一般にそのような事情は認められない。
③ 仮にDIP型手続を導入するとしても，経営責任のある者に事業経営権及び財産管理処分権を残すことは相当でなく，他方で，経営能力のある者が管財人等に選任されなければ意味もないが，このような取締役をどのような要件で規定し，その要件を誰がどのように判断するかという手続を合理的に仕組むことは困難である。
④ 大規模な株式会社において，旧経営者がそのまま更生手続開始後も事業経営を続けることは，大幅な権利制約を受ける更生債権者や更生担保権者の理解を得られにくい。

4 改正法の趣旨

　もっとも，更生会社の旧経営者の中には，更生手続開始の申立て直前にスポンサー企業から派遣された者のように，経営責任がなく，スポンサー企業と深い人的関係を有する経営者や，会社更生手続の開始に関わる直接的な経営責任がなく，事業の更生に不可欠な特殊技能や能力を有する経営者もいると考えられます。このような経営者に経営を続けさせることが，更生会社の事業の更生に有用な場合があることは否定できません。
　そこで，改正法は，役員としての責任に基づく損害賠償義務を負う場合にその額及び内容を査定する役員責任等査定決定（改正法第100条第1項）を受けるおそれがあると認められる者については，裁判所は管財人に選任することができないとしました（改正法第67条第3項）。つまり，従来の経営者でも，上記の決定を受けるおそれのない者に関しては，適任者であれ

ば管財人に選任できることが明文化されました。

【管財人になるための条件】
> 役員責任等査定決定を受けるおそれがあると認められる者以外の者
> （改正法第67条第3項）

5 管財人選任の適否に関するチェック機能

1）裁判所による選任・監督・解任権

　管財人は，裁判所が選任し（改正法第67条第1項），裁判所の監督下におかれます（改正法第68条第1項）。そして，管財人が更生会社の業務及び財産の管理を適切に行っていないとき，その他重要な事由があるときは，裁判所は，利害関係人の申立てまたは職権で，管財人を審尋した上で，その管財人を解任することができます（改正法第68条第2項）。

2）利害関係人による意見陳述

　届出をした更生債権者や株主等の利害関係人は，財産状況報告集会において，管財人の選任につき，裁判所に対して意見を述べることができます（改正法第85条第2項・第3項）。

　この財産状況報告集会が招集されないときには，裁判所は，利害関係人に対し，管財人の選任につき裁判所に対して一定期間内に書面で意見を述べることができる旨を通知しなければなりません（改正法第85条第4項）。

　更生会社の取締役等を管財人に選任した場合には，この点について利害関係人から意見聴取をする必要性が非常に高いため，このような規定が設けられました。

【選任された管財人のチェック方法】
① 裁判所の権限
⇒利害関係人の申立てまたは職権による裁判所の解任権（改正法第68条第2項）
② 利害関係人の権限
⇒裁判所に対する管財人の解任申立権（改正法第68条第2項）
⇒財産状況報告集会における裁判所への意見陳述権（改正法第85条第2項）
⇒財産状況報告集会が開催されないときの裁判所に対する書面での意見陳述権（改正法第85条第4項）

4-2 数人の管財人の職務執行

Q 管財人が数人いるときは，どのように職務を執行するのですか。

A 管財人は，共同でその職務執行を行うのが原則です。ただし，裁判所の許可を得ることによって，それぞれ単独に職務を行うこともできますし，職務を分掌することもできます。

1 数人の管財人による職務執行の問題点

旧法では，管財人が数人いるときは，原則として共同で職務を行うこととし，ただし，裁判所の許可を得た場合には，職務の分掌をすることができるとされていました（旧法第97条第1項）。

しかし，ここでいう「共同して」というのは，全員一致してという意味であると考えられますので，複数の管財人が常に共同して職務執行をすべきものとすると，管財人による迅速で機動的な事業経営は期待できません。

他方，選任された数人の管財人がそれぞれ単独に職務を遂行することを制限なく認めてしまうと，管財人の権限濫用等の不都合を生ずるおそれもあるため，どのように調整するかについて議論がなされました。

2 民事再生法での規定

民事再生法においては，管財人が数人いるときには，共同してその職務を行うことを原則としていますが，裁判所の許可を得た場合については，それぞれ単独でその職務を行い，または職権を分掌することができる，との規定を置きました（民事再生法第70条第1項）。

裁判所の許可を得て「それぞれ単独で職務を行うことができる」とした点は，旧会社更生法では認められていない部分です。民事再生法では，これにより必要に応じて管財事務の簡易化・迅速化をはかる趣旨で，この規

定を設けました。

3 改正法による管財人の職務執行権

 改正法は，管財人が数人あるときは，共同してその職務を行うことを原則としつつ，裁判所の許可を得て，それぞれが単独にその職務を行い，または職務を分掌することができると規定しました（改正法第69条第1項）。

 この規定は，民事再生法第70条と同趣旨で置かれた規定です。すなわち，会社更生手続においては，通常，法律管財人及び事業管財人が選任されますので，事案によっては裁判所の許可を要件として管財人がそれぞれ単独でその職務を行うことを認め，各管財人の権限の調整は管財人間の協議に委ねることにより管財業務を迅速かつ機動的に行うことが，会社の早期更生に資すると考えられたのです。

4 第三者の管財人に対する意思表示

 なお，管財人が数人あるときも，管財人に対する意思表示はそのうちの一人に対してすれば足りるとされました（改正法第69条第2項）。これは，裁判所の許可により職務分掌がされている場合も同様と考えられます。

【数人の管財人が選任された場合の職務執行】

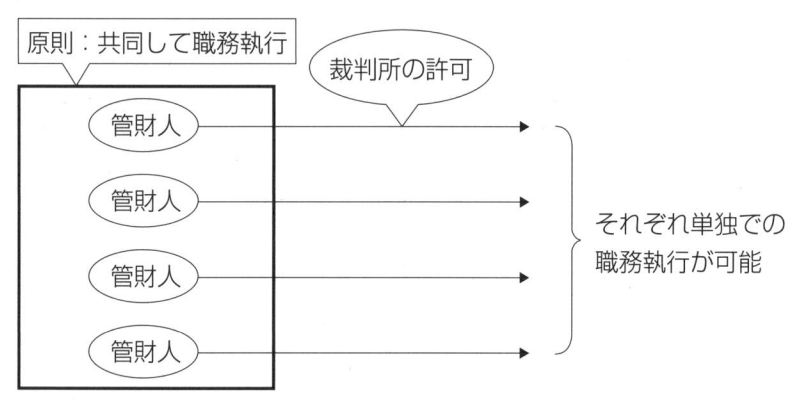

原則：共同して職務執行
裁判所の許可
管財人
管財人
管財人
管財人
それぞれ単独での職務執行が可能

4-3 管財人による子会社等の調査権

Q 管財人は，更生会社の子会社についても調査することができますか。

A 管財人に，子会社及び連結子会社の業務・財産状況等についての調査権を認めましたので，調査することができます。

1 旧法における調査権

　旧法は，管財人（旧法第98条の2），保全管理人（旧法第43条第1項の準用する第98条の2第1項），監督員（旧法第43条第3項の準用する第98条の2第1項），及び調査委員（旧法第101条第1項第1号）に更生会社の業務及び財産状況に関する調査権を与えていました。

　しかし，実務上は，更生会社そのものではなく，更生会社の子会社等を通じて資産隠しや不明朗な経理処理がされている事例も少なくないことから，管財人等に対し，更生会社のみならず，更生会社の子会社等の業務及び財産状況に関する調査権を認めるべきであるとの指摘がなされていました。

2 改正法における子会社調査権の制定

　そこで，商法で規定されている親会社の監査役の子会社に対する調査権（商法第274条ノ3）を参考にして，改正法では，管財人（改正法第77条第2項），保全管理人（改正法第34条第1項の準用する第77条第2項），監督委員（「監督員」の名称を民事再生法と同様に「監督委員」に改める。改正法第38条の準用する第77条第2項）及び調査委員（改正法第126条の準用する第77条第2項）らに，その職務を行うために必要があるときは，更生会社の子会社または連結子会社に対してその業務及び財産状況に関する調査を行う権限

第4章　管財人等　79

を認めました。

　なお，調査の対象が，更生会社の子会社だけでなく，連結子会社も加えられているのは，平成13年の商法特例法改正により，商法特例法上の大会社は連結計算書類を作成しなければならないものとされ（商法特例法第19条の2），大会社の監査役の調査権の範囲が，連結計算書類を作成する関係にある子会社等に拡大したので（商法特例法第19条の3），管財人等の調査の対象範囲も連結計算書類を作成する関係にある連結子会社にまで拡大することとされたためです。

■3　子会社等の拒否権

　調査の対象となる子会社または連結子会社は，「正当な理由」がない限り，管財人等の調査を拒むことはできないとされました（改正法第77条第3項）。つまり，「正当な理由」があるときには，管財人等の調査を拒否することができるということになります。

　これは，前述のように，更生会社の子会社等を通じた資産隠し等の不正な経理処理を調査する必要があるという実務の要請に鑑み，管財人等に子会社等の調査権を認める一方，更生会社そのものと親子関係にあるということをもって，管財人に更生会社に対して有する権限と同様の権限を子会社等に対しても認めるのは行き過ぎなのではないかという趣旨の議論が法制審議会でなされたことや，子会社等の業務及び営業上の秘密保持の要請もあることなどから，これらの要請を勘案し，子会社等が調査を拒むには「正当な理由」が必要であるとしたものです。

　この「正当な理由」については，この規定が商法の親会社の監査役の子会社に対する調査権を参考にしたものですので，商法第247条ノ3の「正当の理由」に準じて解釈されることになると思われます。

■4　罰　則

　子会社または連結子会社の取締役，執行役，監査役，清算人または支配

人その他の使用人が，改正法第77条第2項の規定による報告もしくは検査を拒み，または虚偽の報告をしたときは，100万円以下の過料に処せられます（改正法第261条第2項）。

　これは，子会社の取締役等が正当な理由なく報告もしくは検査を拒み，または虚偽の報告をしたときの制裁であり，子会社に対する調査権の実効性を確保するために盛り込まれました。

【管財人等の子会社等調査権】

調査権を有する者 ⇒	管財人，保全管理人，監督委員，調査委員
調査対象 ⇒	子会社，連結子会社の業務・財産状況等
拒否できる場合 ⇒	子会社・連結子会社に，調査を拒否する「正当な理由」のある場合

4-4 管財人等の競業避止義務

Q 管財人は，更生会社の事業と競合するような取引をすることができますか。

A 事前に裁判所に対し，当該取引に関する重要な事実を開示し，その承認を得なければ，管財人は競業行為をすることはできません。これに違反すると，介入権の行使や損害賠償を請求される場合があります。

1 問題の所在

　会社更生においては，更生会社の同業他社がスポンサーとなり，そのスポンサー企業の取締役が更生会社の管財人に就任するということが多く予想されます。この取締役がスポンサー企業の代表取締役であるなど，業務執行権を有する取締役である場合には，この者の業務執行行為が更生会社との競業にあたる場合があり得ます。

　この点，旧法上は，管財人の競業避止義務についての規定はなく，競業行為を行った管財人には，善管注意義務懈怠としての責任が生ずるだけでした（旧法第98条の4）。

　一般に，管財人は更生会社の事業経営権及び財産管理処分権を有しており（改正法第72条第1項），これらの権限を更生会社の取締役に付与した場合には，管財人はその取締役を監督する権限を有することになります（改正法第72条第4項）。

　このように，管財人は更生会社について非常に大きな権限を有していることから，管財人の行う競業行為に対して何らかの規律が必要なのではないか，との議論がなされていました。

2 管財人の競業避止義務に関する規律

　このような管財人に対する規律を，旧法のように善管注意義務のみで対処することとしたのでは，旧法第54条の2で規律されていた管財人の自己取引についての特別な規制（改正法第78条）との整合性を欠くきらいがあります。また，この場合において保護すべきものは，市場競争において事業基盤の弱体化した更生会社の利益であり，通常の会社以上にその利益を保護する必要性が高いことに鑑みれば，商法によって規律される通常の会社の場合よりも規律を緩めるべきではないと考えられます。

　そこで，管財人が自己または第三者のために更生会社と競合する取引をなす場合には，裁判所に対しその取引についての重要な事実を開示し，その承認を要するものとしました（改正法第79条第1項）。

　そして，このような取引をした管財人は，遅滞なく，当該取引についての重要な事実を裁判所に報告しなければなりません（改正法第79条第2項）。

3 競業避止義務違反の場合

1） 介入権について

　管財人が改正法第79条第1項の規定に違反して自己のために取引をしたときは，当該管財人以外の管財人は，取引の時から1年を経過しない限り，これをもって更生会社のためにしたものとみなすことができます（改正法第79条第3項）。

　この介入権を定めるにあたって，介入権を誰が行使することとすべきかが問題となりました。この点につき，管財人が複数人選任されている場合における他の管財人または規定に違反して競業取引を行った管財人の後任として選任された管財人が介入権を行使することとするのが合理的であると考えられたため，介入権を行使するのは「当該管財人以外の管財人」と規定されました。

2） 損害賠償額について

　さらに，競業避止義務違反の取引をした管財人の更生会社に対する損害

賠償責任について，介入権行使の場合を除き，当該取引により管財人または第三者が得た利益の額を，更生会社が被った損害額と推定する規定を設けました（改正法第79条第4項）。

4 管財人が更生会社の取締役を兼ねている場合

なお，管財人が更生会社の取締役を兼ねている場合には，取締役としての立場からすると管財人の承認を得なければならないこととなり（改正法第65条），一方，管財人としての立場からすると前記 2 記載のとおり裁判所の承認を得なければならないこととなります。

しかし，管財人に自己の取引を自ら承認することを求めても無意味ですから，この場合には裁判所の承認を得なければならないとすることが相当であると考えられます。

【管財人の競業避止義務】

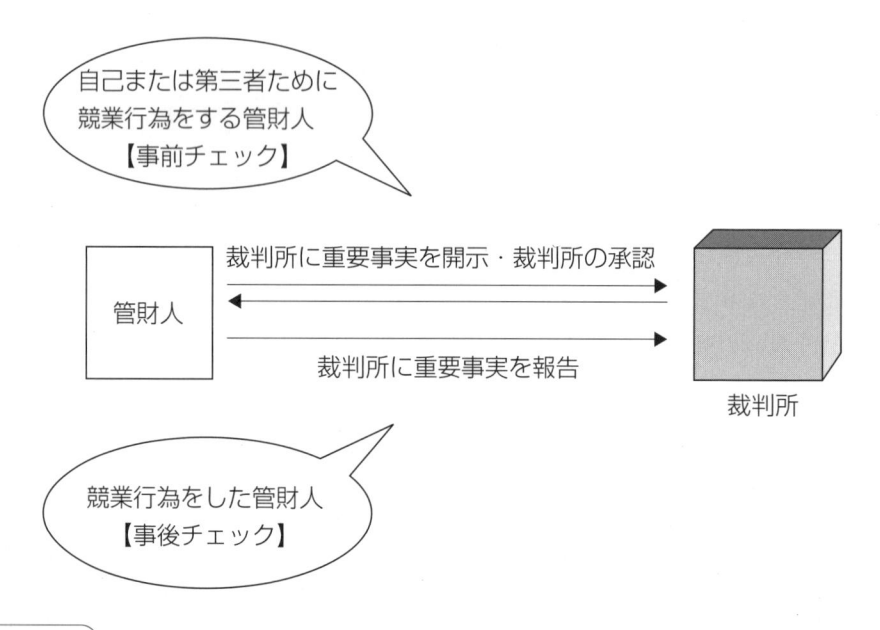

自己または第三者ために
競業行為をする管財人
【事前チェック】

管財人 ←裁判所に重要事実を開示・裁判所の承認→ 裁判所
　　　 →裁判所に重要事実を報告→

競業行為をした管財人
【事後チェック】

第5章

更生債権及び更生担保権の取扱い

5-1 更生債権等の弁済の禁止及びその例外

Q A社の取引先が会社更生手続開始の申立てをしました。A社はその取引先に対して100万円の売掛債権を持っていますが，担保はとっていません。この場合，売掛債権の支払いを受けることはできませんか。

A 原則としてA社は売掛債権の支払いを受けることはできません。しかし，例外的に支払いを受けることができる場合もあります。改正法では，「少額の更生債権等を早期に弁済しなければ更生会社の事業の継続に著しい支障を来すとき」にも，裁判所は弁済を許可することができるとされました。

1 原則＝更生債権等の弁済の禁止

　更生債権等は，更生手続開始後は，原則として，更生計画の定めるところによらなければ，弁済をし，弁済を受け，その他これを消滅させる行為（免除は除きます）をすることはできません。

　つまり，更生会社の側から弁済することだけではなく，債権者が強制的に債権を取り立てる行為も含めて，債権を消滅させる行為を一般的に禁止しています。

　なぜなら，更生計画によらない弁済等を認めると，更生会社の資産が取り崩されて企業を維持することができなくなる危険性がありますし，また，一部の債権者に対してのみ弁済することは，利害関係人間の公平を害することにもなるからです。

　この原則は，改正前も改正後も同様です（旧法第112条本文，第123条第3項，改正法第47条第1項）。

　したがって，A社は原則として更生債権である売掛債権の支払いを受けることはできません。

2 旧法で認められていた例外

しかし、改正前の会社更生法では、①関連中小企業者の債権の弁済（旧法第112条の2第1項～第3項）と、②少額債権の弁済（旧法第112条の2第4項）という、2つの例外規定を設けていました。

1）関連中小企業者の債権の弁済

例外規定の第1は、関連中小企業者の債権の弁済の制度です。

すなわち、①更生会社を主要な取引先とする中小企業者が、②その有する更生債権の弁済を受けなければ、事業の継続に著しい支障をきたすおそれがあるときに、③裁判所が、その中小企業者と更生会社との取引の状況、更生会社の資産状態、利害関係人の利害その他一切の事情を考慮して相当と認めるときに、管財人の申立てによりまたは職権で、その中小企業者の有する更生債権の全部または一部の弁済を許可することができる、という制度です。

「更生債権の弁済を受けなければ、事業の継続に著しい支障をきたすおそれがあるとき」とは、要するに連鎖倒産する危険性があるという意味です。

この例外規定は、下請業者を連鎖倒産から保護すべきであるとして、昭和42年の会社更生法改正の際に新設されたものですが、実務的には関連中小企業者の債権の弁済が行われることはそれほど多くありません。

2）少額債権の弁済

例外規定の第2は、少額債権の弁済の制度です。

すなわち、少額の更生債権を早期に弁済することにより更生手続を円滑に進行することができるときに、管財人の申立てにより、その弁済を許可することができる、という制度です。

少額の更生債権者といえども、債権者に違いはありませんから、手続上は大口の債権者と同様に扱わなければなりません。そのため、少額の更生債権を有する債権者が多数いる場合には、手続上とても煩雑ですし、関係人集会の運営などにも支障をきたすことがあります。

そこで，少額の更生債権を早期に弁済することで債権者を減らし，更生手続の円滑な運営を可能にするために，少額債権の弁済の制度が設けられました。

この少額債権の弁済の制度は，実務上も広く活用されています。

3 会社更生法の改正により新たに設けられた例外

上記の2つの例外規定については，改正会社更生法でも同様に規定されています（改正法第47条第2項〜第5項前段）。

そして，会社更生法の改正の議論の過程では，更生手続の柔軟かつ円滑な運用をはかるためには，上記のような例外の制度をさらに広げるべきであるとの意見が出されました。その一方で，例外の制度を広げる場合には，債権者等の利害関係人を公正かつ衡平に取り扱うという更生手続の本質を損なわないようにする必要があるとの意見も出されました。

このような議論の結果，「少額の更生債権等を早期に弁済しなければ更生会社の事業の継続に著しい支障を来すとき」（改正法第47条第5項後段）に限定して，例外規定を広げることになりました。

よって，本設問では，上記の例外規定の中のいずれかの規定の適用が認められる場合には，A社は100万円の売掛債権の支払いを受けることができます。

4 改正法の実務への影響

それでは，改正法が例外規定を広げたことにより，実務にはどのような影響があるのでしょうか。

管財人が旧債務を支払えない取引先と取引再開の交渉をするときに，管財人を支援するような規定はこれまでありませんでした。

その結果，管財人が取引の再開を求めても，取引先からは「旧債務を支払えないのであれば取引の再開には応じられない」と取引再開を拒否されることも少なくありませんでした。また，取引の再開に応じてくれる取引

先からも「取引を再開するのであれば保証金を積むか，現金取引にしろ」といわれたりするなど，従来の取引よりも不利な条件で取引を再開せざるを得ないこともありました。

　今回の改正によって，管財人は，どうしても取引の再開に応じてもらいたい取引先に対しては，その更生債権が「少額」である限り，裁判所の許可を得て旧債務を支払うことができるようになります。

　したがって，取引先から取引再開を拒否される理由もなくなり，また，不利な取引条件を飲まされることなく取引を再開することも可能となり，更生会社が早期に更生できる道が開けるようになるのではないかと期待されます。

　他方，債権者の側の債権回収という視点から見ると，管財人に対して，「少額債権の弁済が取引再開の条件である」ということも可能となり，原則として更生計画によらなければ弁済を受けられないはずの債権を全額回収することも不可能ではなくなります。

　いずれにせよ，この例外規定は実務で活用されるものと思われます。

【更生債権等の扱い】

```
原　則＝更生計画によらない弁済は禁止
例外1＝関連中小企業者の債権の弁済
　　　（趣旨）関連中小企業者の連鎖倒産防止
例外2＝少額債権の弁済
　　　① 少額の更生債権を早期に弁済することにより更生手続を円滑に
　　　　進行することができるとき
　　　② 少額の更生債権等を早期に弁済しなければ更生会社の事業の継
　　　　続に著しい支障を来すとき
```

5-2 劣後的更生債権制度の廃止

Q 劣後的更生債権については，改正法ではどのように扱われますか。

A 改正法では，劣後的更生債権制度は廃止され，①更生手続開始後の利息等，②開始後債権，③更生手続開始前の罰金等という新たな分類のもと，その性質に応じた合理的な取扱いが定められています。

1 劣後的更生債権制度

1）劣後的更生債権

旧法では，次の①～⑥の請求権が劣後的更生債権とされており（旧法第121条第1項），通常の更生債権とは異なる取扱いがなされていました。

① 更生手続開始後の利息
② 更生手続開始後の不履行による損害賠償及び違約金
③ 更生手続参加の費用
④ 更生手続参加の費用以外の更生手続開始後の原因に基づいて生じた財産上の請求権で共益債権でないもの
⑤ 更生手続開始前の罰金，科料，刑事訴訟費用，追徴金及び過料
⑥ 更生手続開始前の租税のうち，これを免かれ，もしくは免かれようとし，不正の行為によりその還付を受け，または徴収して納付もしくは納入すべきものを納付もしくは納入しなかったことにより，更生手続開始後懲役もしくは罰金に処せられ，または国税犯則取締法第14条第1項（地方税法において準用する場合を含む）の規定による通告の旨を履行した場合における，免かれ，免かれようとし，還付を受け，または納付もしくは納入しなかった額の租税で届出のないもの

2）劣後的更生債権制度をめぐる議論

会社更生法において劣後的更生債権の制度が設けられたのは，会社更生法の立法と同時に行われた破産法の改正に際して，破産宣告後の利息等も免責の対象とする必要上，劣後的破産債権の制度が設けられたのに歩調を合わせたためであるといわれています。

しかし，従来から，劣後的更生債権の制度は再建型手続と清算型手続の違いを考慮していないとの理論的な批判がありました。とりわけ，更生手続は破産手続とは異なり，現実的な清算を行わず，更生計画の前後を通じて権利の継続性，実質的同一性という要素が強く残っていることから，更生手続開始後の利息及び損害金を元本債権と一体として扱うべきであるという批判的な意見が強く主張されていました。

また，同じ再建型手続である民事再生法では「劣後的再生債権」制度は設けられていません。

そのため，会社更生法の改正にあたり，劣後的更生債権制度を廃止して，劣後的更生債権とされていた請求権については類型化をはかった上で，その性質に応じた合理的な取扱いを定めることにしました。

2 改正法の内容

1）劣後的更生債権の類型化

改正法では，従来，劣後的更生債権とされていた請求権について，①更生手続開始後の利息等，②開始後債権，③更生手続開始前の罰金等の3つに類型化し，それぞれ異なった取扱いを定めています。

2）更生手続開始後の利息等

改正法は，①更生手続開始後の利息の請求権，②更生手続開始後の不履行による損害賠償及び違約金の請求権，③更生手続参加の費用の請求権については，債権の届出，調査及び確定ならびに組の分類の点において通常の更生債権とは区別せず，当然に他の更生債権に後れるものともしないことにしました。

他方で，これらの更生債権については，議決権を有しないものとし（改正法第136条第2項第1号～第3号），更生計画において衡平を害しない限り別段の定めをすることができるものとしました（改正法第168条第1項但書）。

3）開始後債権

　改正法は，更生手続開始後の原因に基づいて生じた財産上の請求権（共益債権または更生債権等であるものを除く）を「開始後債権」としました（改正法第134条第1項）。

　開始後債権については，更生手続が開始された時から更生計画で定められた弁済期間が満了する時（更生計画認可の決定前に更生手続が終了した場合にあっては更生手続が終了した時，その期間の満了前に更生計画に基づく弁済が完了した場合にあっては弁済が完了した時）までの間は，弁済をし，弁済を受け，その他免除以外のこれを消滅させる行為をすることができず（改正法第134条第2項），また，更生会社の財産に対する強制執行，仮差押え，仮処分，担保権の実行としての競売及び企業担保権の実行の申立もできません（改正法第134条第3項）。

　この開始後債権の制度は，更生手続開始後に発生する債権を共益債権あるいは更生債権にするという規定から漏れてしまう債権が理論上はあり得るということから，落穂拾い的な規定を設けるという程度の趣旨で設けられたものです。

　しかし，従来の劣後的更生債権は更生計画による権利変更の対象になっていましたが，民事再生法にならって規定された開始後債権は更生計画による権利変更の対象にはなりません。

　したがって，開始後債権を有する更生債権者は，更生計画で定められた弁済期間が満了すると，その全額の支払いを請求することができることになります。

　そうすると，特に更生会社のスポンサーにとっては，更生計画で定められた弁済期間の満了後，突然多額の開始後債権の支払いに応じざるを得ないことになり，不測の出費を強いられる危険性があります。

【劣後的更生債権制度の廃止】

旧法での劣後的更生債権	改正法での取扱い
① 更生手続開始後の利息 ② 更生手続開始後の不履行による損害賠償・違約金 ③ 更生手続参加の費用	・債権の届出，調査・確定，組の分類 　＝通常の更生債権と区別せず ・議決権なし ・衡平を害しない限り，更生計画で別段の定め可
④ 更生手続参加の費用以外の更生手続開始後の原因に基づいて生じた財産上の請求権で共益債権でないもの	・開始後債権 　＝更生手続開始後更生計画による弁済期間満了まで弁済等禁止及び強制執行等禁止 ・更生計画で開始後債権を明示
⑤ 更生手続開始前の罰金，科料，刑事訴訟費用，追徴金及び過料 ⑥ 更生手続開始前の租税等で届出のないもの	・旧法の取扱いを維持

　そのため，改正法は，知れている開始後債権があるときは，その内容に関する条項を更生計画に定めなければならないとして（改正法第167条第1項第7号），そのような危険性をできる限り排除しようとしています。

　もっとも，理論上は開始後債権を想定できるものの，実務上問題となった具体例は皆無に等しいといってよいでしょう。

　開始後債権の例として想定されていた更生手続開始後の為替手形の引受け等による債権（旧法第105条第1項）について，改正法でも規定することが議論されていましたが，最終的には削除されているほどですので，開始後債権についてあまり神経質にならなくてもよいと思われます。

4）更生手続開始前の罰金等

　更生手続開始前の罰金，科料，刑事訴訟費用，追徴金及び過料ならびに更生手続開始前の租税等で届出のないものの請求権については，劣後的更

生債権という名称を改めるほかは，旧法における取扱い（旧法第78条第2項，第121条第2項・第3項，第157条，第159条第1項但書，第172条第2号，第228条第2項，第241条但書）が維持されています。

　すなわち，否認権に関する規定の適用除外（改正法第86条第2項）債権の届出（改正法第142条），調査及び確定（改正法第164条），議決権（改正法第136条第2項第4号・第5号），更生計画による権利の変更の内容（改正法第168条第4項），免責（改正法第204条第1項第3号・第4号）などの点について，改正後も旧法と同じ扱いになります。

5-3 更生債権及び更生担保権の調査

Q 更生債権や更生担保権の調査はどのように行われるのですか。

A 民事再生法と同様に，更生債権及び更生担保権の調査は，管財人が作成した認否書及び届出をした更生債権者・更生担保権者または株主の書面による異議により行われます。

1 旧法における更生債権及び更生担保権の調査

旧法においては，裁判所が定める一定の期日（調査期日）において，更生債権者，更生担保権者，株主，会社代表者，管財人等の利害関係人が一堂に会し，届出のあった更生債権及び更生担保権について，裁判所書記官が作成する更生債権者表及び更生担保権者表に記載された事項を調査していました（旧法第132条，第135条，第136条，第138条）。

しかし，極めて多数の利害関係人が一堂に会して，更生債権及び更生担保権の調査をしなければならないとすることは不合理であり，また迅速性に欠けるとの批判がありました。

2 改正法における更生債権及び更生担保権の調査

1）調査の概要

改正法では，旧法で定められていた調査手続の合理化及び迅速化をはかるため，調査期日の制度を廃止しました。そして，民事再生法と同様に，裁判所による更生債権等の調査は，裁判所書記官が作成する更生債権者表及び更生担保権者表に記載された事項について，管財人が作成した認否書ならびに更生債権者等，株主等及び更生会社の書面による異議に基づいてするものとしました（改正法第145条）。

具体的な手続は，以下のとおりです。

2）管財人による認否書の作成

　管財人は，債権届出期間内に届出があった更生債権等について，更生債権及び更生担保権に分けて，次の各事項についての認否を記載した認否書を作成しなければなりません（改正法第146条第1項）。
　①更　生　債　権：内容，一般の優先権がある債権であること及び議決権の額
　②更生担保権：内容，担保権の目的である財産の価額及び議決権の額
　なお，管財人は，更生債権者等の責めに帰することができない事由によって債権届出期間内に届出ができず，その後届出のあった更生債権等や，債権届出期間の経過後に生じた更生債権等で届出のあったもの，さらには更生債権者等の責めに帰することができない事由によって届出事項の変更がされた更生債権等についても，前記①及び②の事項についての認否を認否書に記載することができます（改正法第146条第2項）。

3）管財人による認否書の提出

　管財人は，一般調査期間（裁判所が更生手続開始の決定と同時に定める更生債権等の調査をするための期間をいいます）前の裁判所の定める期限までに，認否書を裁判所に提出しなければなりません（改正法第146条第3項）。
　裁判所に提出された認否書に，認否を記載すべき事項であるにもかかわらず認否の記載のないものがあるときは，管財人において当該事項を認めたものとみなされます（改正法第146条第4項）。また，改正法第146条第2項により認否を認否書に記載することができる更生債権等について，前記①及び②の事項の一部についての認否の記載があるときは，管財人において当該事項のうち当該認否書に認否の記載のないものを認めたものとみなされます（改正法第146条第5項）。

4）一般調査期間における調査

　管財人は，一般調査期間内は，認否書の内容を表示したものを，届出をした更生債権者等または株主等が更生会社の主たる営業所において閲覧することができる状態に置く措置をとらなければなりません（会社更生規則第45条第1項）。

届出をした更生債権者等は，管財人に対し，自己の更生債権等に関する部分の内容を記録した書面を交付するように求めることができます（会社更生規則第45条第3項）。

そして，届出をした更生債権者等及び株主等は，一般調査期間内に，裁判所に対し，前記①及び②の事項について，書面で異議を述べることができます（改正法第147条第1項）。また，更生会社も，同様に書面で異議を述べることができます（改正法第147条第2項）。

なお，異議が述べられた更生債権等の確定の手続については，5-4で説明します。

3 自認債権の取扱い

1）民事再生法の定め

民事再生法では，再生債務者等が債権届出期間内に届出がされていない再生債権があることを知っている場合には，当該再生債権について自認する内容等を認否書に記載しなければならないとしています（民事再生法第101条第3項）。

前述のように，今回の改正で，民事再生法にならって一般調査期間における調査の制度を導入することから，改正会社更生法においても，民事再生法と同様の自認債権の制度を設けるべきかどうかが立法過程で議論されました。

2）自認債権制度新設の見送り

自認債権制度の新設については賛否両論相半ばし，法制審議会では何回にもわたって議論が重ねられましたが，再生債務者と管財人との地位の違い，また，更生会社の債務は相当多数にのぼるのが通常であるところ，管財人が届出のされていない更生債権及び更生担保権について的確に自認することが困難であること，などの理由から，結局，民事再生法とは異なり，届出がされていない債権の自認の制度は設けないものとされました。

3）管財人による債権届出期間末日の通知

　しかし，すべての更生債権者及び更生担保権者が届出期間内に届出をしてくることは期待できません。その結果，更生債権者等は失権することになります。

　そのような結果を防止するため，管財人は，知れている更生債権者等のうち債権届出期間内に更生債権等の届出をしないおそれがあると認められる者（当該期間内に届出をする意思がないことが明らかであると認められる者及び届出を当該期間内にする必要がない者は除きます）に対し，届出をするのに必要な期間をおいて，当該債権届出期間の末日を通知するものとされました（会社更生規則第42条）。

【更生債権及び更生担保権の調査手続】

```
更生債権者等が更生債権等を届出
            ↓
管財人が届出のあった更生債権等の認否書を作成
            ↓
管財人が裁判所に認否書を提出
            ↓
管財人が主たる営業所等で認否書の内容を開示
            ↓
更生債権者等が自己の更生債権等に関する部分の内容を記録した書面の
交付を要求すること可
            ↓
更生債権者等が一般調査期間内に書面による異議
```

5-4 更生債権及び更生担保権の確定

Q 更生債権及び更生担保権は，どのような手続によって確定するのですか。

A 更生債権等の調査において，管財人が認め，かつ，届出をした更生債権者等が調査期間内に異議を述べなかったとき，更生債権及び更生担保権は確定します。

これに対し，管財人が認めず，または届出をした更生債権者等が異議を述べた更生債権等の内容については，更生債権等査定の手続及び更生債権等査定申立てについての決定に対する異議の訴えにより確定させます。

1 旧法の定め

旧法では，更生債権及び更生担保権調査の期日において，管財人，更生債権者，更生担保権者及び株主の異議がなかったときは，更生債権及び更生担保権の内容，議決権の額ならびに優先権のある債権または劣後的債権については，優先権のあることまたは劣後的であることは，確定する，とされていました（旧法第143条）。

これに対し，異議の述べられた更生債権及び更生担保権の内容等を確定するには，更生債権確定訴訟及び更生担保権確定訴訟という訴訟手続によらなければならない，とされていました（旧法第147条）。

しかし，常に訴訟手続によって更生債権及び更生担保権の内容等を確定させなければならないとすることは，手続的な負担が重く，更生手続の円滑な進行を阻害することになるとの批判がありました。

2 改正法の定め

1）異議等のない更生債権等の確定

　改正法では，更生債権等の調査において，管財人が認め，かつ，届出をした更生債権者等が調査期間内に異議を述べなかったとき，更生債権及び更生担保権は確定する，としています（改正法第150条第1項）。

　これは，改正法で調査期日の制度が廃止され，更生債権等の調査は管財人が作成した認否書及び更生債権者等の書面による異議に基づいてする（改正法第145条）とされたことに伴い，条文の表現は若干変わりましたが，実質的な内容は旧法と変わりありません。

2）更生債権等査定手続

　これに対し，管財人が認めず，または届出をした更生債権者等が異議を述べた更生債権等の内容については，常に訴訟手続によって更生債権及び更生担保権の内容等を確定させなければならないとしていた旧法とは異なり，改正法は民事再生法にならって更生債権等査定の手続を新設しました。その具体的な手続は次のとおりです。

① 更生債権等の調査において管財人が認めず，または届出をした更生債権者等から異議を述べられた更生債権等（「異議等のある更生債権等」といいます）を有する更生債権者等は，異議者等（管財人，異議を述べた更生債権者等及び株主等）の全員を相手方として，裁判所に，その内容（一般の優先権がある債権であるかどうかの別を含みます）についての査定の申立てをすることができます（改正法第151条第1項本文）。この査定の申立てのことを「更生債権等査定申立て」といいます。

　なお，異議等のある更生債権等に関し更生手続開始当時訴訟が係属している場合には，異議者等の全員を相手方として，訴訟手続の受継の申立てをしなければなりませんので（改正法第156条第1項），更生債権等査定申立てをすることはできません（改正法第151条第1項但書）。また，異議等のある更生債権等のうち執行力ある債務名義または終局判決のあるものについては，異議者等は更生会社がすることのできる訴訟手続に

よってのみ，異議を主張することができるとされていますので（改正法第158条第1項），この場合も更生債権等査定申立てをすることはできません（改正法第151条第1項但書）。
② 更生債権等査定申立ては，異議等のある更生債権等についての調査期間の末日から1カ月の不変期間内にしなければなりません（改正法第151条第2項）。
③ 更生債権等査定申立てがあった場合には，裁判所は，これを不適法として却下する場合を除いて，決定で，異議等のある更生債権等の存否及び内容（一般の優先権がある債権であるかどうかの別を含みます）を査定する裁判をしなければなりません（改正法第151条第3項）。この裁判のことを「更生債権等査定決定」といいます。
④ 裁判所が更生債権等査定決定をする場合には，異議者等を審尋しなければなりません（改正法第151条第4項）。
⑤ 更生債権等査定申立てについての決定があった場合には，その決定書は当事者に送達されます（改正法第151条第5項前段）。この場合には，公告をもって送達に代えることができるとする改正法第10条第3項本文の規定は適用されません（改正法第151条第5項後段）。
⑥ 異議等のある更生債権等（執行力ある債務名義または終局判決のあるものは除きます）について，②の期間内に更生債権等査定申立てまたは異議等のある更生債権等に関する訴訟の受継の申立てがないときは，当該異議等のある更生債権等についての届出はなかったものとみなされます（改正法第151条第6項）。

3）更生債権等査定決定に対する異議の訴え

更生債権等査定申立てについての決定に不服がある者は，その送達を受けた日から1カ月の不変期間内に，異議の訴えを提起することができます。これを「更生債権等査定異議の訴え」といいます。

更生債権等査定異議の訴えは，旧法と同様に，訴訟手続によって更生債権及び更生担保権の内容等を確定させるものですが，改正法では次のよう

な規定を新設し，訴訟手続を明確化しています。
① 更生債権等査定異議の訴えは，更生裁判所が管轄します（改正法第152条第2項）。
② 改正法では，全国どこからでも東京地方裁判所または大阪地方裁判所に更生手続開始の申立てをすることができることになりましたが（改正法第5条第2項第6号），地方に主たる営業所がある会社のいわゆる地元の債権者が更生債権等査定異議の訴えを提起する場合，東京地方裁判所または大阪地方裁判所で審理が進められると，交通費だけでも莫大な費用がかかってしまうおそれがあります。

 そのため，更生債権等査定異議の訴えの第一審裁判所は，更生裁判所が更生事件を管轄することの根拠となる法令上の規定が改正法第5条第2項第6号の規定のみである場合において，著しい損害または遅滞を避けるため必要があると認めるときは，職権で，当該更生債権等査定異議の訴えに係る訴訟を，更生会社の主たる営業所の所在地を管轄する地方裁判所に移送することができます（改正法第152条第3項）。
③ 更生債権等査定異議の訴えは，これを提起する者が，異議等のある更生債権等を有する更生債権者であるときは異議者等の全員を，当該異議者等であるときは当該更生債権者等を，それぞれ被告としなければなりません（改正法第152条第4項）。
④ 更生債権等査定異議の訴えの口頭弁論は，更生債権等査定申立てについての決定に不服がある者がその送達を受けた日から1カ月の不変期間（改正法第152条第1項）を経過した後でなければ開始することができません（改正法第152条第5項）。
⑤ 同一の更生債権等に関し更生債権等査定異議の訴えが数個同時に係属するときは，弁論及び裁判は，併合してしなければなりません。この場合には，民事訴訟法第40条第1項から第3項までの規定が準用されます（改正法第152条第6項）。
⑥ 更生債権等査定異議の訴えについての判決においては，訴えを不適法

として却下する場合を除き，更生債権等査定申立てについての決定を認可し，または変更します（改正法第152条第7項）。

3 実務への影響

異議の述べられた更生債権及び更生担保権について，旧法では常に訴訟手続でその内容等を確定させなければならなかったのに対し，改正法では第一次的には裁判所が決定手続で更生債権及び更生担保権の内容等を判断することになりました。そのため，従来よりも迅速に更生債権及び更生担保権を確定させることが可能になります。

【更生債権及び更生担保権の確定手続】

① 異議等のない更生債権等　⇒　認否書の記載どおりに確定
② 異議等のある更生債権等
　・更生債権等査定申立てをしない場合
　　　⇒更生債権等の届出がなかったものとみなされる
　・更生債権等査定申立てをする場合
　　　⇒裁判所の査定決定
　　　⇒査定決定どおりに確定
　　　　or 更生債権等査定異議の訴えにより確定

5-5 更生担保権の目的である財産の価額の決定

Q 更生担保権の目的である財産の価額に争いがあるときは，どのような手続によってその価額を決定するのですか。

A 訴訟手続によらずに，更生担保権の目的である財産についての価額決定手続によってその価額を決定することができます。

1 旧法の規定と問題点

　旧法では，更生担保権に関する争いは，更生担保権の目的である財産についての価額の争いを含めて，すべて訴訟手続によって解決することになっていました（旧法第147条～第152条）。

　しかし，訴訟手続は時間がかかります。その結果，当初の更生計画案提出期限までに更生担保権に関する争いが解決できず，更生計画案を作成できないため，更生計画案の提出期限が延長されることも少なくありませんでした。

　そのため，更生計画案の作成までに更生担保権に関する争いを解決することができるような制度を設ける必要があるとの指摘がなされていました。

2 改正法の規定

1）改正法の概要

　改正法は，前問で説明したように，更生担保権に関する争いについても，第一次的には訴訟手続ではなく査定手続で解決をはかることにしました。

　そして，更生手続の実務において更生担保権に関して争いが生ずるのは，ほとんどがその目的である財産の価額についてです。この点に関する争いを早期に解決することができれば，更生担保権を早期に確定することが可能となります。

そこで，更生担保権の目的である財産の価額についてもっぱら決定手続によって確定させる制度を新設することにしました。

2）立法過程での議論

この点，立法過程では，更生担保権に関する争いにはさまざまなものがあるのに，その1つだけを取り出して決定手続で解決することができるのか，あるいは，目的物の価額と被担保債権とに分解できるのか，それはおかしいのではないか，といった議論もありました。

しかし，実務上は，更生担保権に関する争いは目的物の価額についての争いだけであるといっても過言ではないほど，更生担保権の順位の争いや債権の存否の争いについての更生担保権確定訴訟はほとんどない状況です。実務上最も多い目的物の価額の争いだけが決定手続で解決すれば，実際はその他の要素にはほとんど争いがなく，更生担保権に関する争いが解決できることになりますので，手続全体の迅速性に資するところが非常に大きいといえます。そのため，実践的に合理的な結論が導ける考え方の方がよいということで，更生担保権の目的である財産の価額についてもっぱら決定手続によって確定させる制度を新設することになりました。

3）改正法の具体的内容

更生担保権の目的である財産の価額の決定手続の具体的な手続は，次のようになります。

① 更生担保権者は，その有する更生担保権の内容の確定のために更生債権等査定申立てをした場合において，改正法第151条第1項本文に規定する異議者等のうちに当該更生担保権の調査において担保権の目的である財産の価額について認めず，または異議を述べた者があるときは，当該者の全員を相手方として，当該更生債権等査定申立てをした日から2週間以内に，裁判所に，当該財産についての価額決定の申立て（これを「価額決定の申立て」といいます）をすることができます（改正法第153条第1項）。

ここでのポイントは，価額決定の申立てをすることができる更生担

保権者が，更生債権等査定申立てをした者に限られていること及び価額決定の申立期間が更生債権等査定申立てをした日から2週間以内に限定されていることです。
② 裁判所は，やむを得ない事由がある場合に限り，更生担保権者の申立てにより，価額決定の申立期間を伸長することができます（改正法第153条第2項）。

　パブリック・コメント手続では，2カ月程度の申立期間が必要であるとの意見も寄せられていました。しかし，価額決定の申立人になる更生担保権者は，更生担保権の届出の前提として，あるいは査定の申立てをするかどうかを決める前提として，当然に担保権の目的物の価額について一応の評価をしているはずです。したがって，通常は価額決定の申立てに2カ月も必要となるとは考えられません。

　そこで，更生債権等査定申立ての申立期間が更生債権等の調査期間の末日から1カ月の不変期間内にしなければならない（改正法第151条第2項）ことを考慮し，価額決定の申立期間を更生債権等査定申立てをした日から2週間以内に限定した上で，やむを得ない事由がある場合に限りその期間を伸長することができるとして，調整をはかりました。
③ 価額決定の申立てをする更生担保権者は，その手続の費用として裁判所の定める金額を予納しなければなりません（改正法第153条第3項）。手続費用の予納がないときは，裁判所は，価額決定の申立てを却下しなければなりません（同条第4項）。
④ 価額決定の申立てがあった場合には，裁判所は，これを不適法として却下する場合を除き，評価人を選任し，担保権の目的である財産の評価をしなければなりません（改正法第154条第1項）。そして，裁判所は，評価人の評価に基づき，決定で，担保権の目的である財産の価額を定めなければなりません（同条第2項）。

　会社更生法改正要綱試案の段階では，評価人による評価を必要な

ものとする否かについては，なお検討するとされていました。しかし，その後のパブリック・コメント手続では，民事再生法上の担保権消滅制度における価額決定請求制度と同様に，評価人による評価を義務付けるべきであるという意見が多く寄せられました。また，担保権の目的の価額の評価は，裁判所の専権である法律判断ではなく，むしろ評価・鑑定の専門家の判断に委ねるのが相当である上，事後の手続の進行にとっても有益であると考えられます。

そこで，評価人による評価を義務付けることにしました。
⑤　価額決定の申立てについての決定に対しては，当該価額決定事件の当事者は，即時抗告をすることができます（改正法第154条第3項）。
⑥　価額決定の申立てについての決定または即時抗告についての裁判があった場合には，その裁判書を当事者に送達しなければなりません。この場合には，公告をもって送達に代えることはできません（改正法154条第4項）。
⑦　価額決定の申立てに係る手続に要した費用の負担は，次のようになります（改正法第154条第5項）。

　　　決定価額が届出価額と等しいか，またはこれを上回る場合
　　　　⇒当該価額決定の申立ての相手方である異議者等の負担
　　　決定価額が異議等のない価額（異議者等が更生担保権の調査において述べた更生担保権の目的となる財産の価額のうち最も低いものをいいます）と等しいか，またはこれを下回る場合
　　　　⇒当該価額決定の申立てをした更生担保権者の負担

なお，即時抗告に係る手続に要した費用は，当該即時抗告をした者の負担になります（同条第6項）。

3 改正法の実務への影響

実務上，更生担保権に関する争いの中でも特に多かった更生担保権の目的である財産の価額についての争いが，決定手続で解決をはかれることに

なったため，更生計画案の提出期限前に更生担保権に関する争いに決着がつくものと考えられ，更生手続全体の迅速化に資するものと考えられます。

【更生担保権の目的である財産の価額決定手続】

```
更生債権等査定の申立て
        ↓（2週間以内。やむを得ない事由がある場合は伸長可）
価額決定の申立て
        ↓
手続費用の予納（→予納がない場合は申立て却下）
        ↓
評価人の選任・評価人による財産の価額の評価
        ↓
評価人による評価に基づく，裁判所による財産の価額の決定
        ↓
当事者に送達（→即時抗告可）
```

5-6 価額決定手続と更生債権等査定決定手続との関係

Q 更生担保権についての争いを解決するために，査定決定手続と価額決定手続とがあるようですが，両手続はどのような関係にあるのですか。

A 価額決定の申立て期間が経過した後（価額決定の申立てがあった場合には，当該申立てについての裁判が確定した後）でなければ，更生担保権者がした更生債権等査定申立てについての決定は，することができません。

また，価額決定は，更生担保権の査定の申立てまたは当該申立てについての決定に係る査定異議の訴えが係属する裁判所を拘束します。

1 価額決定手続と査定決定手続との調整

旧法では，更生担保権についての争いは，訴訟手続で解決をはかることになっていましたが，改正法では，第一次的には更生債権等査定決定手続によって解決をはかることになりました（改正法第151条）。

また，実務上，更生担保権に関する争いのほとんどが担保権の目的である財産の価額をめぐるものであったため，改正法では担保権の目的である財産の価額に争いがあるときは，価額決定手続で解決をはかることになりました（改正法第153条，第154条）。

このように，改正法では更生担保権に関する争いについて，2つの決定手続が新設されたため，両手続の調整をはかる必要があります。

そこで，改正法は，更生担保権者がした更生債権等査定申立てについての決定は，価額決定の申立期間（申立期間が伸長されたときは，その伸長された期間）が経過した後（価額決定の申立てがあったときは，当該価額決定の申立てが取り下げられ，もしくは却下され，または価額決定が確定した後）で

【価額決定手続と更生債権等査定決定手続との関係】

① 両手続の調整　⇒　価額決定手続が先行
　　　　　　　　　　（＝価額決定の申立て，却下，確定の後でなければ査定決定不可）
② 価額決定の拘束力　⇒　価額決定により定められた価額が，査定申立てまたは査定異議の訴えが係属する裁判所を拘束
　　　　　　　　　　（価額決定がない場合は，異議等のない価額が裁判所を拘束）

なければ，することができない，としました（改正法第155条第1項）。

つまり，価額決定手続を先行させ，その結果を待って，更生債権等査定決定をすることになります。

2 価額決定の拘束力

価額決定手続を先行させても，更生債権等査定の申立て等が係属する裁判所が価額決定手続の結果に拘束されないとすれば，価額決定手続を先行させる意味がありません。

そこで，更生担保権の目的である財産についての次の場合における価額は，当該更生担保権を有する更生担保権者がした更生債権等査定申立てまたは当該申立てについての決定に係る更生債権等査定異議の訴えが係属する裁判所を拘束するものとしました（改正法第155条第2項）。

① 確定した価額決定がある場合
　　⇒価額決定により定められた価額
② 価額決定がない場合
　　⇒異議者等が更生担保権の調査において述べた担保権の目的である財産の価額のうち最も低い価額（「異議等のない価額」といいます）

この拘束力により，担保権の目的である財産の価額について無駄な審理をする必要がなくなるため，更生手続の迅速化がはかれるものと期待されます。

5-7 後順位担保権者の更生担保権確定訴訟の帰趨と更生担保権額

Q 更生担保権の調査において，先順位の担保権者Ｘ（被担保債権の額は5,000万円）に関する更生担保権の額が，管財人の評価どおり4,000万円で確定しました。ところが，後順位担保権者Ｙ（被担保債権の額は5,000万円）は管財人の評価に満足せず，更生担保権の確定手続を取りました。その確定手続においては，担保権の目的である財産の価額が6,000万円であると判断されました。この場合，後順位担保権者Ｙの更生担保権額はいくらになるのでしょうか。

A Ｙの更生担保権確定手続における目的物の価額6,000万円から，Ｘの被担保債権額5,000万円を控除した1,000万円が，Ｙの更生担保権額になります。

1 旧法下での裁判例

同一の財産の上に複数の担保権が存在する場合に，先順位担保権者は担保権の目的の価額についての管財人の評価を争わず，管財人の異議があった部分の確定を求める訴訟を提起しなかったにも関わらず，後順位担保権者は管財人の評価を争い，管財人の異議があった部分の確定を求める訴訟を提起した場合，その訴訟において担保の目的の価額が管財人の評価よりも高額であるとされる場合があります。

このような場合，後順位担保権者の更生担保権の額がいくらになるかについて，下級審の裁判例は，

① 立証があった担保権の目的の価額から，先順位の担保権の「被担保債権の額」を控除した額とするもの（東京地判平成13年7月11日判例時報1764号p.123）

② 立証があった担保権の目的の価額から，先順位の担保権に係る「確

第5章 更生債権及び更生担保権の取扱い 113

定更生担保権の額」を控除した額とするもの（横浜地判昭和56年5月18日金融・商事判例632号p.46）

とに分かれており，学説上も見解が分かれていました。

そこで，この問題について改正法で立法的に解決をはかることにしました。

1 立法過程での議論

1）パブリック・コメント

会社更生法改正要綱試案の段階では，前記の①の見解が甲案，②の見解が乙案とされ，両論併記のままパブリック・コメント手続に付されました。

パブリック・コメント手続に寄せられた甲案及び乙案に対する賛否は，ほぼ拮抗した状況にありました。

甲案に賛成する意見は，その根拠として，

① 先順位担保権者は，先順位担保権者が譲歩したと見られる利益（先順位担保権者に本来帰属すべき利益）を後順位担保権者に享受させようとしたものではなく，むしろ，更生債権者または株主に享受させようとしたものであると解するのが合理的であること

② 乙案によれば，先順位担保権者が譲歩したと見られる利益を享受するため，後順位担保権者による更生担保権の査定の申立て等が頻発して，手続の安定性が害されるおそれが強いこと

③ 乙案によれば，先順位担保権者は，その譲歩した利益を後順位担保権者が享受することを嫌い，後順位担保権者の更生担保権の内容が確定するまで，管財人と更生担保権の内容に関する争いを続けるおそれがあること

等をあげていました。

これに対し，乙案に賛成する意見は，その根拠として，

① 後順位担保権者は，担保権者として，その目的の価値を更生債権者よりも優先して享受できるはずであること

② 先順位の担保権に係る更生担保権はすでに確定済みであるから，その確定額を控除することが相当であること
③ 更生手続においては，更生のために担保権の行使等を制限されていることに鑑みると，先順位担保権者が譲歩したと見られる利益を更生会社に享受させる理由はないと考えられること
④ 後順位担保権者は，自ら費用を負担して目的の価額を争ったのであるから，その結果生じた利益を享受させるのが相当であること
等をあげていました。

2）法制審議会での議論

法制審議会でも白熱した議論がなされましたが，次のような理由から甲案が採用されることになりました。

① 更生担保権の範囲は更生手続開始の時に固定されており，その後に担保の目的物の滅失，担保権の放棄等の実体法上の変動が生じても，更生手続上は更生担保権として取り扱われることや，先順位の担保権に係る更生担保権の確定後にその更生担保権自体が放棄されても，後順位の担保権に係る更生担保権者は何らの利益を享受するものではないこと等との関係では，甲案①の方が乙案①よりも整合的であると考えられること
② 甲案②及び③の政策的根拠についても，一定の合理性が認められること
③ 更生担保権の範囲は更生手続開始の時の実体法上の権利関係を基準として定まるものであるから，更生手続開始後に更生手続中で確定した更生担保権の額を基準とする乙案②のような考え方を採る論理必然性はないと考えられること
④ 先順位担保権者が放棄したと見られる利益については，これを更生会社が享受すると考えるよりも更生債権者または株主が享受すると考える方が妥当であると考えられ，乙案③は，その前提に異論があり得ること

⑤　甲案または乙案のいずれを採用する場合でも，後順位担保権者は，実際に採用された制度を前提として，自ら費用を負担して更生担保権の確定手続をとり，目的の価額を争うのであり，先順位担保権者が放棄したと見られる利益を後順位担保権者に享受させなくとも，特に後順位担保権者の利益が害されるわけではないから，乙案④は，十分な根拠とはならないと考えられること

⑥　乙案の考え方は，先順位の担保権に係る更生担保権の届出がされて確定している場合だけを射程とするものであるが，甲案の考え方は，後順位の担保権に係る更生担保権の確定手続においては，先順位の担保権に係る更生担保権の届出がされているか，確定しているかを問わず，その確定手続において立証があった更生手続開始時の先順位の担保権の被担保債権の額を，同じく立証があった担保権の目的の価額から控除した額とするという形で一般化することができ，一貫性があること

3　改正法の内容

　甲案の考え方の射程は，■■2 2）⑥のとおり広いものです。そのため，甲案の考え方を条文化するにあたっては，先順位担保権に係る更生担保権が更生担保権の調査において確定していることを前提とせず，より一般的な形で手当てを講ずるものとされ，次のような規定が新設されました。

　　「担保権の目的である財産を共通にする更生担保権のうち確定した一の更生担保権についての次に掲げる事項は，他の更生担保権についての更生債権等査定申立て又は更生債権等の確定に関する訴訟（更生債権等査定異議の訴えに係る訴訟，第156条第1項又は前条第2項の規定による受継があった訴訟及び同条第1項の規定による異議の主張に係る訴訟をいう。以下この款において同じ。）が係属する裁判所を拘束しない。

一　更生担保権の内容
二　担保権の目的である財産の価額
三　更生担保権が裁判により確定した場合においては，前二号に掲げるもののほか，当該裁判の理由に記載された事項」（改正法第159条）

　この条文を一読しただけでは，なかなか甲案の考え方を読み取ることは難しいと思われますが，立法過程での議論を踏まえて甲案のように解釈することになります。
　すなわち，設問にあてはめて考えると，Yの更生担保権額はYの更生担保権確定手続において認められた担保目的物の価額6,000万円から，Xの「被担保債権額」5,000万円を控除した額，つまり，1,000万円となります。

【後順位担保権者の更生担保権確定訴訟の帰趨と更生担保権額】

	先順位担保権者X	後順位担保権者Y
被担保債権額	5,000万円（A）	5,000万円
担保目的物の価額	4,000万円（B）	6,000万円（C）
更生担保権額	4,000万円（Bと同額）	1,000万円（C−A）

第5章　更生債権及び更生担保権の取扱い

5-8 担保権消滅許可

Q 更生会社の財産について担保権がある場合，更生計画によらずにその担保権を消滅させることができますか。

A 裁判所は，更生会社の財産について担保権がある場合，更生会社の事業の更生のために必要であると認めるときは，管財人の申立てにより，当該財産の価額に相当する金銭を裁判所に納付して当該財産を目的とするすべての担保権を消滅させることを許可する旨の決定をすることができます。

1 旧法下での担保権消滅請求

　旧法では，管財人は，更生手続開始当時更生会社の財産について商事留置権を有する者に対して，その留置権によって担保された債権額（その債権額が留置権の目的の価額を超えるときは，その目的の価額）に相当する金銭を供託して，留置権の消滅を請求することができるとされ（旧法第161条の2第1項），消滅した留置権を有していた者は，供託金の上に質権者と同一の権利を有するものとされていました（同条第2項）。

　この制度は，商事留置権消滅請求制度と呼ばれていましたが，その名のとおり商事留置権の消滅を請求できるだけであり，商事留置権以外の担保権については利用できませんでした。しかし，更生会社の財産の上に存する担保権は商事留置権ばかりではありません。

　特に更生会社の事業の維持更生をはかるために，更生計画によらずに営業譲渡を行うことが必要である場合に，その営業譲渡の対象となる財産に担保権が設定され，その担保権を消滅させることができないとすると，事実上営業譲渡をすることが困難となります。

　そこで，更生担保権者の利益を保護しながら，担保権を更生計画によら

ずに消滅させることができる制度を設けるべきであるといわれていました。

　また，管財人が，担保権が設定された更生会社の財産で事業の更生に必要ではないものを売却して固定資産税等の管理コストの負担を免れたり，運転資金を調達したりする場合にも，更生計画によらないで担保権を消滅させる制度が必要であると指摘されていました。

2 立法過程での議論

　法制審議会倒産法部会で改正会社更生法についての議論が始められた当初は，担保権消滅請求ではなく，「担保権変換請求制度」について議論されていました。これはおおまかにいえば，当該財産上の担保権を更生会社の他の財産上の担保権に変換する制度をどのように設計するかについての議論でした。

　しかし，更生手続が更生計画認可前に廃止されて牽連破産した場合の他の債権者との公平，平等を考えると，新旧の担保権の目的の価値は同等であることが必要です。

　ところが，①金銭債権に限らず，動産や不動産を新たな担保の目的とする担保権の変換を行うこととした場合には，旧担保権の目的と等しい価額のものを発見することは容易ではありません。また，②担保権の目的の価格は変動するのが通常ですし，担保権の実行手続の難易や担保物の滅失の危険等も新旧の担保権で同等であることを判断することは極めて困難です。さらに，③新担保権の目的の価格変動や隠れた瑕疵の判明等によって担保権者に生じる不利益や不当な利益の回復及び是正措置を設けることも困難です。

　そこで，当初議論されていた包括的な担保権変換制度の導入は見送られることになりました。

　さらに，商事留置権消滅請求制度を参考にして，管財人の供託した供託金の上に従前の担保権を変換する制度についても議論が重ねられ，①更生

担保権者は，確定した更生担保権の順位に従って供託金の上に質権者と同一の権利を有するものとする制度や，②当該財産についての更生担保権の債権額に相当する金銭を個別に供託し，個別の供託金の上に質権者と同一の権利を有するものとする制度などについても検討されましたが，いずれも問題点がありました。

そのため，当該財産上の担保権を他の財産上の担保権に変換するという制度を設けることは断念し，結局，民事再生法の担保権消滅制度に類似する制度を設けることになりました。

3 改正法の内容

改正会社更生法で新設された担保権消滅制度の具体的な内容は次のようなものです。

1）担保権消滅許可決定

裁判所は，①更生手続開始当時更生会社の財産につき特別の先取特権，質権，抵当権または商事留置権（以下「担保権」といいます）がある場合において，②更生会社の事業のために必要であると認めるときは，③管財人の申立てにより，当該財産の価額に相当する金銭を裁判所に納付して当該財産を目的とするすべての担保権を消滅させることを許可する旨の決定をすることができます（改正法第104条第1項）。

担保権消滅制度は，更生担保権者の実体法上の地位に変動をもたらすものですから，裁判所が担保権消滅許可決定をすることができるのは，管財人が当該財産を使用，収益または処分することが更生会社の事業のために必要であるときに限られます。

また，この制度は，当該財産上の担保権を消滅させることを目的とするものですから，当該財産の価額に相当する金銭を納付することが必要です。なお，ここでいう「当該財産の価額に相当する金銭」とは，当該財産の処分価額であり，財産評定等の際の基準とされる「時価」とは異なります。

2）担保権消滅許可決定の時期的制限

　担保権消滅許可決定は，更生計画案を決議に付する旨の決定があった後は，することができません（改正法第104条第2項）。

　なぜなら，更生計画によれば更生会社の財産上の担保権を消滅させることが可能ですから，担保権消滅制度を利用する必要があるのは更生計画認可前に限られますし，また，担保権を消滅させるには当該財産の価額に相当する金銭の支出が必要になりますので，そのような金銭の支出の有無については，更生計画案の決議に際して利害関係人に明らかにされる必要があると考えられたためです。

3）担保権消滅許可申立て

　担保権消滅許可の申立ては，次の事項を記載した書面でしなければなりません（改正法第104条第3項）。

　① 担保権の目的である財産の表示
　② 担保権の目的である財産の価額
　③ 消滅すべき担保権の表示

4）担保権者への通知

　担保権消滅許可決定があった場合には，その決定書を担保権消滅許可申立書とともに，申立書に消滅すべき担保権として表示された担保権を有する者（「被申立担保権者」といいます）に送達しなければなりません。この場合には，公告をもって送達に代えることはできません（改正法第104条第4項）。

5）即時抗告

　担保権消滅許可決定に対しては，被申立担保権者は，即時抗告をすることができます（改正法第104条第5項）。

　即時抗告についての裁判があった場合には，その裁判書を被申立担保権者に送達しなければなりません。この場合には，公告をもって送達に代えることはできません（同条第6項）。

6）根抵当権の元本の確定

　根抵当権は被担保債権の元本額が増減することが予定されていますが，根抵当権を消滅させる以上，被担保債権の元本を確定させる必要があります。そこで，担保権消滅許可申立書に消滅すべき担保権として表示された担保権が根抵当権である場合において，根抵当権者が担保権消滅許可決定の送達を受けた時から2週間を経過したときは，当該根抵当権の担保すべき元本は確定するとされました（改正法第104条第7項）。

　なお，担保権消滅許可の申立てが取り下げられたり，許可決定が取り消されたりした場合には，許可手続が存在しなくなりますので，根抵当権の元本を確定させておく必要がなくなります。そこで，そのような場合には，民法398条ノ20第2項を準用して，元本の確定がなかったものとみなすこととされました（改正法第104条第8項）。

4 改正法の実務への影響

　更生計画によらない営業譲渡が明文化されたことと相まって，担保権消滅制度は実務上も活用されるものと見込まれます。

【担保権消滅許可の要件】

> ①　更生手続開始当時更生会社の財産につき特別の先取特権，質権，抵当権または商事留置権があること
> ②　更生会社の事業のために必要であると認められること
> ③　当該財産の価額に相当する金銭を裁判所に納付すること
> ④　更生計画案を決議に付する旨の決定がある前であること

5-9 担保権の目的である財産の価額の決定

Q 担保権の消滅請求をされた担保権者が，管財人の申し出た担保権の目的である財産の価額について異議がある場合，どのようにすればよいのでしょうか。

A 担保権の目的である財産についての価額の決定を請求することができます。裁判所は，評価人を選任して財産の評価を命じ，その評価に基づいて財産の価額を決定します。

1 趣 旨

　担保権消滅許可の申立ては、管財人が担保権の目的である財産の価額（「申出額」といいます）等を記載した申立書を裁判所に提出することによって行いますが，その申立書に記載された財産の価額が客観的に相当であるとは限りません。場合によっては，当該財産の価額よりも低い申出額で担保権を消滅させられる可能性があり，それでは担保権者の権利を不当に制限することになります。

　そこで，改正会社更生法は，民事再生法にならって，公正な財産の価額を裁判所の手続によって決定してもらう制度を設けました。

　具体的な内容は次のとおりです。

2 価額決定請求

1）価額決定請求の要件

　被申立担保権者は，申立書に記載された申出額について異議があるときは，当該申立書の送達を受けた日から1カ月以内に，担保権の目的である財産について価額の決定を請求することができます（改正法第105条第1項）。

しかし，価額決定すべき財産が複雑であるとか，現状の調査や専門家の意見を聴く必要があるなどの理由で，1カ月以内に申出額が相当かどうか判断できない場合があり得ます。

そこで，担保権消滅許可の決定をした裁判所は，やむを得ない事由がある場合に限り，被申立担保権者の申立てにより，1カ月の期間を伸長することができるとされています（同条第2項）。

2）管轄裁判所

価額決定の請求に関する事件は，更生裁判所が管轄します（改正法第105条第3項）。

3）費用の予納

裁判所による価額の決定は，後述するように評価人の評価に基づいて行う必要がありますので，評価人に対する報酬の支払い等の費用がかかります。

そこで，価額決定の請求をする者は，その請求に係る手続の費用として更生裁判所の定める金額を予納しなければならないとされています（改正法第105条第4項）。費用の予納がないときは，更生裁判所は，価額決定の請求を却下しなければなりません（同条第5項）。

2 財産の価額の決定

1）評価人の選任

価額決定の請求があった場合には，更生裁判所は，これを不適法として却下する場合を除いて，評価人を選任し，財産の評価を命じなければなりません（改正法第106条第1項）。

財産が不動産の場合には，評価人には不動産鑑定士等の専門家が選任されるものと考えられます。

2）財産の価額の決定

更生裁判所は，評価人の評価に基づいて，決定で，当該決定の時における財産の価額を定めなければなりません（改正法第106条第2項）。

評価人の評価がそのまま財産の価額になるのではなく，その評価に基づ

いて裁判所が決定することによってはじめて財産の価額が決まります。したがって，裁判所が財産に関する諸般の事情を考慮して，合理的な範囲内での調整を行うこともあり得ます。

3）複数の被申立担保権者がいる場合

被申立担保権者が数人ある場合には，財産の価額決定は，被申立担保権者の全員について財産価額決定請求ができる期間が経過した後にしなければなりません。この場合，数個の価額決定の請求事件が同時に係属するときは，事件を併合して裁判しなければなりません（改正法第106条第3項）。

つまり，複数の被申立担保権者がいる場合でも，価額決定手続は，決定の段階では必ず併合されて，1個の財産価額の決定がなされることになります。

4）価額決定の効力

価額決定は，価額決定の請求をしなかった被申立担保権者に対しても，その効力を有します（改正法第106条第4項）。

5）即時抗告

価額決定の請求についての決定に対しては，管財人及び被申立担保権者は，即時抗告をすることができます（改正法第106条第5項）。

6）送　達

価額決定の請求についての決定または即時抗告についての裁判があった場合には，その裁判書を管財人及び被申立担保権者に送達しなければなりません。この場合には，公告をもって送達に代えることはできません（改正法第106条第6項）。

送達することによって決定の確定時期が決まりますので，決定が確定することによって次の手続に移行するためです。

3 費用の負担

1）価額決定の請求に係る手続に要した費用の負担

価額決定の請求は非訟事件ですから，その費用に関する原則に従うと申

第5章　更生債権及び更生担保権の取扱い

立人の負担になります（非訟事件手続法第26条）。しかし，価額決定の請求に係る手続に要した費用をすべて価額決定の請求をする担保権者に負担させると，管財人が不当に低い申出額を提示する可能性がありますし，逆にすべて更生会社に負担させると，担保権者が価額決定請求権を濫用する危険性があります。

そこで，価額決定の請求に係る手続に要した費用は，価額決定により定められた価額が，申出額を超える場合には更生会社の負担とし，申出額を超えない場合には価額決定の請求をした者の負担とするとされています（改正法第107条第1項本文）。

ただし，申出額を超える額が費用の額に満たない場合のように，価額決定の請求に実益がなかった場合にまで費用のすべてを更生会社に負担させるのでは，やはり担保権者が価額決定請求権を濫用する危険性があります。

そこで，申出額を超える額が当該費用の額に満たないときは，当該費用のうち，その超える額に相当する部分のみ更生会社の負担とし，それ以外の部分は価額決定の請求をした者の負担とするとされています（同条項但書）。

2）即時抗告に係る手続に要した費用の負担

即時抗告に係る手続に要した費用は，当該即時抗告をした者の負担になります（改正法第107条第2項）。

非訟事件に関する費用は申立人の負担とするとの原則によるものです（非訟事件手続法第26条）。

4 更生会社に対する費用請求権の取扱い

価額決定の効力は，価額決定の請求をしなかった被申立担保権者に対しても及びますが，被申立担保権者が更生会社に対して費用を請求できる場合には，その費用請求権は担保権者全員の利益のために生じたものと考えられます。

そこで，更生会社に対して価額決定請求手続に関する費用請求権を有する者は，その費用に関し，管財人から裁判所に納付された金銭について，他の被申立担保権者に先立って弁済を受ける権利を有するものとされています（改正法第107条第3項）。

5 管財人が金銭の納付をしなかった場合の取扱い

管財人が当該財産の価額に相当する金銭の納付をしない場合，または管財人が金銭の納付をする前に更生計画認可決定があった場合には，価額決定請求手続に要した費用及び即時抗告に要した費用は，更生会社の負担になります。この場合には，更生会社に対する費用請求権は，共益債権になります（改正法第107条第4項）。

【価額決定手続】

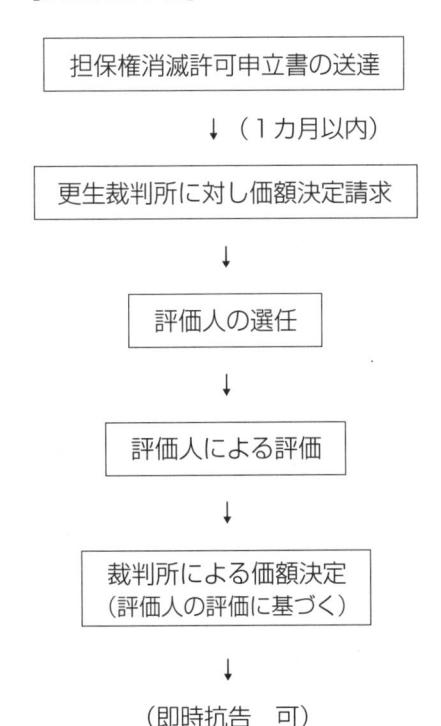

```
担保権消滅許可申立書の送達
        ↓ （1カ月以内）
更生裁判所に対し価額決定請求
        ↓
      評価人の選任
        ↓
     評価人による評価
        ↓
    裁判所による価額決定
   （評価人の評価に基づく）
        ↓
    （即時抗告　可）
```

5-10 担保権の消滅時期及び納付された金銭の取扱い

Q 担保権の消滅請求がなされた場合，その担保権はいつ消滅するのですか。また，管財人が担保権を消滅させるために裁判所に納付した金銭は，その後どのように取り扱われますか。

A 管財人から当該財産の価額に相当する金銭が裁判所に納付されたときに担保権は消滅します。裁判所は，更生計画認可決定があったときは，納付されている金銭を管財人に交付しますが，更生計画認可前に更生手続が終了したときは，担保権者に対する配当または弁済金の交付を実施します。

1 財産の価額に相当する金銭の納付

1）管財人が納付すべき金銭

管財人は，次の金銭を，裁判所の定める期限までに，裁判所に納付しなければなりません（改正法第108条第1項・第2項）。

① 価額決定請求期間内に価額決定の請求がなかったとき，または価額決定のすべてが取り下げられ，もしくは却下されたとき
⇒管財人が担保権消滅許可申立書に記載した財産の価額（申出額）に相当する金銭

② 財産の価額決定が確定したとき
⇒価額決定により定められた価額に相当する金銭

なお，立法過程では，金銭納付以外に国債等の金銭に準ずるものによる納付や納付に代えて銀行保証によることも許容するか否かについて議論されました。しかし，いずれも問題点があり，結局，採用が見送られました。したがって，管財人は前記①または②の「金銭」を納付する必要があります。

2）差引納付

　管財人は，**1**）で述べた金銭の納付をする前に，管財人に対する金銭の交付の決定（改正法第111条第1項）が確定したときは，**1**）で述べた金銭の額から，交付決定で定める金額を控除した額を裁判所に納付すれば足ります（改正法第112条第1項・第2項）。

　管財人に対する金銭の交付については，後述します。

3）管財人が金銭を納付しない場合

　管財人が，**1**）もしくは**2**）の金銭の納付をしないとき，または管財人がこれらの金銭の納付をする前に更生計画認可の決定があったときは，担保権消滅許可決定を取り消さなければなりません（改正法第108条第5項）。

2 担保権の消滅時期

　被申立担保権者の有する担保権は，管財人から **1** で述べた金銭の納付があった時に消滅します（改正法第108条第3項）。

　管財人から **1** で述べた金銭の納付があった時は，裁判所書記官は，消滅した担保権に係る登記または登録の抹消の嘱託をしなければなりません（同条第4項）。

3 納付された金銭の取扱いに関する立法過程での議論

　会社更生法改正要綱試案の段階では，裁判所に納付された金銭の処理については，更生手続が終了（更生手続の廃止，更生計画の不認可，更生手続の終結等）した場合に，配当等を実施するものとしていました。

　これに対しては，①裁判所に納付された金銭の処理を計画により定めることを要するものとすべきであるとの意見，②金銭の納付後，遅くとも更生計画認可と同時に配当等をするものとすべきであるとの意見，③裁判所に納付した金銭が，根抵当権については極度額，抵当権についてはその被担保債権の元本及び2年分の利息・損害金の合計額を超えているとき，裁

判所はその超えている金額を更生会社に交付できるものとするとの意見，④当該担保物のすべての更生担保権が確定した後に，すべての更生担保権者の同意があったときは，確定担保権の合計額を超える金額を更生会社に交付できるものとするとの意見等が寄せられました。

　これらの意見は，いずれも更生手続が終了するまで納付された金銭の配当等を留保し，他方，更生担保権に対する計画弁済は別途行うとすることには，経済合理性に欠ける点があることを問題とするものでした。

　そこで，改正法は，次のように手当てすることにしました。

4　更生計画認可決定があった場合の納付された金銭の取扱い

　裁判所は，更生計画認可の決定があったときは，管財人（改正法第72条第4項前段の規定により更生会社の機関がその権限を回復した場合は，更生会社）に対して，納付された金銭に相当する額の金銭を交付しなければなりません（改正法第109条）。

　また，裁判所に納付された金銭の額及びこれをどのように担保権者への弁済に充てるか等の使途は，担保権を消滅させられた担保権者だけではなく，他の利害関係人にとっても開示される必要性が高いと考えられます。

　そこで，更生計画においては，裁判所に納付されている金銭の額を明示し，その更生計画認可後の使途を定めなければなりません（改正法第167条第1項第6号ロ）。

5　更生計画認可前に更生手続が終了した場合の納付された金銭の取扱い

　更生計画認可の決定前に更生手続が終了したときは，裁判所は，原則として，納付された金銭について配当表に基づいて被申立担保権者に対する配当を実施しなければなりません。ただし，被申立担保権者の有する担保権の性質に反するときは，この限りではありません（改正法第110条第1項）。

　また，被申立担保権者が1人である場合または被申立担保権者が2人以

上であって納付された金銭で各被申立担保権者の有する担保権によって担保される債権及び更生会社が負担すべき価額決定手続の費用を弁済することができる場合には，裁判所は，当該金銭の交付計算書を作成して，被申立担保権者に弁済金を交付し，剰余金を更生会社に交付します。ただし，被申立担保権者の有する担保権の性質に反するときは，この限りではありません（同条第2項）。

6 更生計画認可前の剰余金等の管財人への交付
1）管財人に交付される金額
　裁判所は，更生計画認可の決定前において，次のいずれかに該当するときは，管財人の申立てにより，それぞれの金額を管財人に交付する旨の決定をすることができます（改正法第111条第1項）。
- ① 改正法第110条の規定により被申立担保権者に配当（弁済金の交付を含みます）をすべきこととなる可能性のある金額（「配当等見込額」といいます）を裁判所に納付される金銭に相当する金額から控除しても，剰余がある場合
　　⇒当該剰余金額
- ② すべての被申立担保権者が裁判所に納付される金銭に相当する金額の全部または一部を管財人に交付することに同意している場合
　　⇒当該同意のある金額

2）配当等見込額
　1）で述べた配当等見込額は，次の各金額の合計額です（改正法第111条第2項）。
- ① 各被申立担保権者が届け出た更生債権等（確定したものを除く）についての届出額のうち，次のイ及びロのいずれにも該当するもの
　　イ．当該届出の内容によれば各被申立担保権者の有する担保権の被担保債権（利息または不履行による損害賠償もしくは違約金に係る被担保債権にあっては，更生手続開始後2年を経過する時までに生ずるも

のに限る。②のイにおいて同じ）となるもの
　　ロ．イの担保権によって担保された範囲のもの
②　各被申立担保権者が届け出た更生債権等であって確定したものについての確定額のうち，次のイ及びロのいずれにも該当するもの
　　イ．確定した更生債権等の内容によれば各被申立担保権者の有する担保権の被担保債権となるもの
　　ロ．イの担保権によって担保された範囲のもの
③　価額決定請求にあたり予納された額

３）交付決定の時期

裁判所は，債権届出期間が経過し，かつ，改正法第108条第１項各号に掲げる場合のいずれかに該当するに至った後でなければ，管財人への金銭の交付決定をすることはできません（改正法第111条第３項）。

４）即時抗告

管財人への金銭の交付決定に対しては，管財人及び被申立担保権者は，即時抗告をすることができます（改正法第111条第４項）。

【担保権の消滅時期及び納付された金銭の取扱い】

①　担保権の消滅時期
　　⇒管財人が財産の価額に相当する金銭を納付した時

②　納付された金銭の取扱い
　・更生計画認可決定があった場合
　　⇒管財人に交付（更生計画でその金額及び使途を明示）
　・更生計画認可前に更生手続が終了した場合
　　⇒配当または弁済金の交付
　・更生計画認可前の剰余金等の管財人への交付
　　⇒納付された金銭の額から配当等見込額を控除しても剰余がある場合，またはすべての被申立担保権者の同意がある場合，更生計画認可前でも剰余金等を管財人に交付すること可

5）送　達
　管財人への金銭の交付決定または即時抗告についての裁判があった場合には，その裁判書を管財人及び被申立担保権者に送達しなければなりません。この場合には，公告をもって送達に代えることはできません（改正法第111条第5項）。

5-11 債権質の第三債務者の供託

Q 更生会社から借入れをしていますが，その借入金について，更生会社の債権者が質権を設定していると聞きました。債務を免れるにはどうすればよいですか。また，その場合，質権を有していた更生担保権者の権利はどうなりますか。

A 質権の目的である金銭債権の全額に相当する金銭を供託することによって，その債務を免れることができます。その場合，更生担保権者は，供託金について質権者と同一の権利を有することになります。

1 立法過程での議論

　更生会社の有する金銭債権の上に担保権（主として，債権質，債権譲渡担保）が設定されている場合には，更生手続開始の効力によって，更生担保権者及び管財人のいずれも第三債務者から債権を取り立てることができません。

　このような不都合を解消するため，法制審議会では，当初，民法第367条第3項を参考に，更生担保権者から第三債務者に対する弁済金に相当する金銭の供託請求を認め，更生担保権者は当該供託金上に質権を有するものとする制度を設けるかどうかが議論されていました。この制度は，更生担保権者に第三債務者の資力悪化に備える手段を与えることを目的とする制度でした。

　しかし，このような制度を新たに設けるとすると，①金銭債権上に債権譲渡担保を含めた複数の担保権が併存する場合であっても，各担保権者が実体法上の権利の順位に応じた回収をはかることができるものとしつつ，②第三債務者には，二重払いの負担を負わせることがないように，担保権者からの供託の請求に基づく供託がされたときは，第三債務者は当該請求

をした担保権者以外の担保権者に対しても，供託による弁済の効力を主張し得るものとする必要があります。

そして，①及び②の要請を充たすためには，単に供託を請求した担保権者について供託金還付請求権上に質権を有するものとみなすことでは足りず，金銭債権上に存した譲渡担保権を含む複数の担保権が，当該供託金還付請求権上に存するものとみなす等の特殊な規律を設ける必要があります。しかし，このような特殊な規律を制度化するのは容易なことではありません。

また，そもそも供託請求に基づいてされる供託の性質が，弁済供託の性質を有するものなのか，保管供託の性質を有するものなのかといった点も明らかではありません。

その上，民法第367条第3項の供託請求は，更生手続開始後は裁判上の請求としてはすることができないと解釈する有力な見解があり，この見解によれば，仮に民法の供託請求の制度と同様の制度を会社更生法で設けたとしても，結局第三債務者の任意の履行を待つほかないことになってしまいます。

そこで，更生担保権者が第三債務者に供託することを請求する制度の採用は見送られました。

しかし，何らかの手当てをしなければ，前述した不都合は解消できません。そのため，法制審議会での議論を取りまとめる最終段階に至って，第三債務者の権利供託の制度を新たに設けることが提案され，この制度が立法化されることになりました。

2 改正法の内容

1）第三債務者の権利供託

更生担保権に係る質権の目的である金銭債権の債務者は，当該金銭債権の全額に相当する金銭を供託して，その債務を免れることができます（改正法第113条第1項）。

この制度は，更生担保権者の権利保護をはかるというよりも，むしろ第三債務者の権利保護をはかるものといえます。しかし，旧法下では，第三債務者に対して適切な弁済方法を指示することもできなかったことを考えると，更生担保権者及び管財人にとっても第三債務者の弁済を確保する上でメリットがあるといえます。

2）供託の効果

　第三債務者から金銭が供託されたときは，質権を有していた更生担保権者は，供託金につき質権者と同一の権利を有します（改正法第113条第2項）。

3 改正法の実務への影響

　更生担保権者及び管財人の権利として第三債務者に対して金銭を供託するように請求できるわけではありませんが，供託することにより債務を免れることを第三債務者に示唆することまで禁止されているわけではありません。そのため，第三債務者が債務を免れるために金銭を供託することが増加するものと考えられます。このことによって，第三債務者の資力が将来悪化して，更生会社が弁済を受けられなくなる危険性を回避することができるため，更生担保権者及び更生会社にもメリットが大きいといえます。

第6章

利害関係人の保護

6-1　更生債権者委員会等

Q 更生債権者等で委員会を構成しています。この委員会が更生手続に関与することはできますか。関与できるとした場合，どのように関与できますか。

A 更生債権者委員会は，裁判所の承認を得ることによって，更生手続に関与することができます。更生手続上，更生債権者委員会は，裁判所または管財人に対して意見を述べたり，管財人から報告を受けたりすることができます。更生担保権者委員会及び株主等委員会がある場合には，これらの委員会も同様の権限を有します。

1　改正の経緯

　会社更生手続について最も利害関係を有する債権者及び株主の意思が会社更生手続上反映される途を拡大・強化するため，利害関係人によって構成される委員会の手続関与を認めるべきであるといわれていました。

　そこで，改正法は，民事再生法上の債権者委員会制度（民事再生法第118条）にならって，更生債権者委員会等の制度を新設しました。

　したがって，更生債権者委員会等の承認の要件及び承認を受けた委員会の地位・権限については，基本的には民事再生法上の債権者委員会と同様です。

　しかし，民事再生手続の実務では，債権者委員会の活用事例が少ないのが現状です。そこで，更生債権者委員会等の活用を促すために，更生債権者委員会等の地位・権限は，民事再生法上の債権者委員会以上にさらに強化されています。

2 手続関与の要件

1）承認要件

　更生債権者委員会の制度は，更生手続外で任意に組織された委員会について，一定の要件を具備するものと裁判所が承認した場合に，その委員会に更生手続上一定の権限等を付与する制度です。

　裁判所は，更生債権者をもって構成する委員会がある場合には，次の要件に該当する場合に限り，当該委員会が更生手続に関与することを承認することができます（改正法第117条第1項）。

① 委員の数が，3人以上最高裁判所規則で定める人数以内であること
　　最高裁判所規則で定める人数とは，10人です（会社更生規則第30条第1項）。委員の数があまり多すぎると，意思決定や活動が円滑に行われないおそれがあるためです。

② 更生債権者の過半数が当該委員会が更生手続に関与することについて同意していると認められること

③ 当該委員会が更生債権者全体の利益を適切に代表すると認められること

2）承認手続及び取消手続

　裁判所の承認は，利害関係人の申立てによります（改正法第117条第1項）。申立時期の制限は特にありません。

　また，裁判所は，利害関係人の申立てまたは職権で，いつでも更生債権者委員会の承認を取り消すことができます（改正法第117条第5項）。

　なお，特別の規定がないことから，承認決定，承認申立棄却決定，承認取消決定及び承認取消申立棄却決定に対する即時抗告は認められません（改正法第9条）。

3 権　限

1）意見陳述権

　裁判所は，必要があると認めるときは，更生手続において，更生債権者

委員会に対して，意見の陳述を求めることができます（改正法第117条第2項）。

また，更生債権者委員会は，更生手続において，裁判所または管財人（改正法第72条第4項前段の規定により更生会社の機関がその権限を回復したときは，管財人または更生会社）に対して，意見を述べることができます（改正法第117条第3項）。

2）管財人による更生債権者委員会の意見の聴取

裁判所書記官は，更生債権者委員会の承認があったときは，遅滞なく，管財人（改正法第72条第4項前段の規定により更生会社の機関がその権限を回復したときは，更生会社）に対して，その旨を通知しなければなりません（改正法第118条第1項）。

裁判所書記官から通知を受けた管財人は，遅滞なく，更生会社の業務及び財産の管理に関する事項について，更生債権者委員会の意見を聴かなければなりません（同条第2項）。

管財人と更生債権者委員会との意思疎通が円滑に行われるようにするためです。

3）管財人の更生債権者委員会に対する報告義務

管財人は，改正法第83条第3項もしくは第4項または第84条の規定により報告書等（報告書，貸借対照表または財産目録をいいます）を裁判所に提出したときは，遅滞なく，当該報告書等を更生債権者委員会にも提出しなければなりません（改正法第119条第1項）。

更生債権者委員会の情報収集機能を高めるためです。

なお，当該報告書等に，更生会社の維持更生に著しい支障を生ずるおそれまたは更生会社の財産に著しい損害を与えるおそれがある部分（「支障部分」といいます）がある場合には，管財人はその旨の申立てをして，当該部分を除いた報告書等を更生債権者委員会に提出すれば足ります（同条第2項）。

4）報告命令の申出

　更生債権者委員会は，更生債権者全体の利益のために必要があるときは，裁判所に対し，管財人に更生会社の業務及び財産の管理状況その他更生会社の事業の更生に関し必要な事項について，改正法第84条第 2 項の規定による報告をすることを命ずるように申し出ることができます（改正法第120条第 1 項）。

　更生債権者委員会からの申出を受けた裁判所は，当該申出が相当であると認めるときは，管財人に対し，改正法第84条第 2 項の規定による報告をすることを命じなければなりません（改正法第120条第 2 項）。

　この制度も更生債権者委員会の情報収集機能を強化するためのものです。

　立法過程での議論では，更生債権者委員会が直接管財人に対して報告等を求める仕組みについても検討されましたが，濫用の危険等があるため，裁判所を介在させて管財人に対して一定の行為を求めることができるという制度が採用されました。

5）費用償還請求権

　更生債権者委員会に更生会社の事業の更生に貢献する活動があったと認められるときは，裁判所は，当該活動のために必要な費用を支出した更生債権者の申立てにより，更生会社財産から，当該更生債権者に対し，相当と認める額の費用を償還することを許可することができます（改正法第117条第 4 項）。この費用償還請求権は，共益債権になります（改正法第127条第 4 号）。

　更生債権者委員会の活用を促すために，その活動に要した費用の請求権を共益債権とすべきであるとする意見がある一方，更生債権者委員会は，利害関係人の一部の利益を代表する機関にすぎず，その活動に要した費用の全額について共益性が認められるわけではないとの意見もありました。そこで，裁判所がその貢献した程度を考慮して相当と認める範囲内に限り，費用償還請求権を共益債権として取り扱うことにしたものです。

【更生債権者委員会等】

(手続外)
- 更生債権者で構成する委員会
- 更生担保権者で構成する委員会
- 株主等で構成する委員会

↓
(裁判所の承認)
↓

(更生手続上)
- 更生債権者委員会
- 更生担保権者委員会
- 株主等委員会

↓

(地位・権限)
- 意見陳述権(一般・営業譲渡)
- 管財人による意見の聴取
- 管財人の報告義務
- 管財人に対する報告命令の申出
- 費用償還請求権
- 関係人集会招集申立権

6) 営業譲渡についての意見陳述権及び関係人集会招集申立権

　上記の一般的な地位・権限のほかに，更生債権者委員会には，営業譲渡についての意見陳述権(改正法第46条第3項第1号但書)及び関係人集会招集申立権(改正法第114条第1項第2号)が認められています。

4 更生担保権者委員会及び株主等委員会への準用

　更生債権者委員会について説明したことは，更生担保権者をもって構成

第6章　利害関係人の保護　143

する委員会及び株主等をもって構成する委員会で，裁判所の承認を受けたもの（それぞれ「更生担保権者委員会」，「株主等委員会」といいます）について，すべて準用されます（改正法第117条第6項・第7項，第121条，第46条第3項第2号但書，第114条第1項第3号及び第4号）。

　なお，更生債権者等委員会を構成する単位としては，更生債権者，更生担保権者及び株主の3つの単位に限定され，しかもそれぞれの単位ごとに1つだけ委員会を承認する制度になっています。

　パブリック・コメント手続で寄せられた意見の中には，より細分化された委員会を承認の対象とすべきであるとの意見もありましたが，更生債権者等委員会の代表する母集団が小さくなると，上記のような各種の権限を認めることの合理性が説明し難くなることから，この意見の採用は見送られました。

6-2 代理委員

Q 更生債権者等または株主が，更生手続に関する行為を第三者に代理させることができますか。

A 更生債権者等または株主は裁判所の許可を得て，それぞれ共同してまたは格別に，1人または数人の代理委員を選任し，その代理委員に更生債権者等のために，更生手続に属する一切の行為を代理させることができます。

また，場合によっては，裁判所が代理委員を選任し，その代理委員に更生手続に属する一切の行為を代理させることができます。

1 旧法における代理委員制度

更生手続は，債権者，株主，その他の利害関係人の利害を調整しつつその事業の維持更生をはかる手続であり，利害を異にする多数の者が手続に参加して，相互に折衝を行い更生計画案の作成に関与，更生計画の成立をはかることが予定されています。

旧法は，この手続の迅速かつ円滑な進行をはかるため，更生債権者や株主等の利害関係人が共同してまたは格別に，1人または数人の代理委員を選任し，この代理委員に更生手続に属する一切の行為をさせるという代理委員制度を設けていました（旧法第160条）。

2 改正の理由

しかし，旧法下においては，この制度を迅速かつ円滑な進行をはかるためにのみ活用するのではなく，同一の事実上または法律上の原因に基づき同種の債権等を有する利害関係人が多数存在する事案において，利害関係人が個別に権利行使をすることによる手続の複雑化，費用の増大化等を回

第6章 利害関係人の保護　145

避し，更生手続の迅速かつ円滑な進行を実質的に確保するためにも活用をはかるべきであるとの声がありました。

そこで，公害紛争処理法上の代表当事者の選定命令（同法第42条の8）及び代表当事者の職権選定（同法第42条の9）の各制度を参考にして，代理委員制度を拡充し，共同の利益を有する利害関係人につき可及的に一括した権利行使が行われるように制度的手当てを講じたものが，本件改正法なのです。

改正の結果，代理委員の選任制度は，①利害関係人による代理委員の選任制度と，②裁判所の職権による代理委員の選任制度の2つとなりました。

3 更生債権者等が代理委員を選任する場合（改正法第122条，会社更生規則第31条）

(1) 改正法下においても，旧法同様，更生債権者等は，裁判所の許可を得て，共同してまたは格別に，1人または数人の代理委員を選任することができます（改正法第122条第1項）。

(2) ただし，改正法では，裁判所が更生手続の円滑な進行をはかるために必要があると認めるときは，相当の期間を定めて利害関係人に対して代理委員の選任を行うよう勧告することができるようになりました（改正法第122条条第2項）。

この制度は，あくまで勧告にすぎず後述の改正法第123条の場合と異なり強制力はありません。つまり利害関係人に対して自ら改正法第122条により代理委員の選任を行うように促す効果を有するにすぎません。勧告に従う場合は，利害関係人が代理委員の選任を裁判所の許可を得て行うことになります。

4 裁判所が代理委員を選任する場合（改正法第123条）

(1) 代理委員の選任の勧告を受けた者のうち代理委員を選任しない者があり，これを選任しなければ更生手続の進行に支障がある場合の手当てと

して設けられた制度です。

　選任勧告を受けた利害関係人が自発的に代理委員を選任しがたい事情がある場合，例えば，選任勧告を受けた利害関係人相互に面識がなくその範囲がわからない場合や，代理委員として誰が適切であるかについて判断できない場合等に利用されることになります。なお，職権により裁判所が選任した代理委員は，利害関係人によって選任された代理委員とみなされます（改正法第123条第3項）。

(2) 裁判所により代理委員を選任するためには，①共同の利益を有する更生債権者等または株主等が著しく多数であり，②これらの者のうち代理委員選任の勧告（改正法第122条第2項）を受けたが期間内に代理委員を選任しない者がある場合で，③代理委員の選任がなければ更生手続の進行に支障があると認められることが必要です（改正法第123条第1項）。

　ここで③の「更生手続の進行に支障があると認められる」場合とは，共同の利益を有する更生債権者または株主等の数が著しく多いために，個別に手続参加させると手続的に極めて煩雑となり過大な費用を要する場合をいいます。

(3) 職権により選任された代理委員と本人の関係は，基本的に通常の代理委員と本人の関係（委任関係）に準じて取り扱われます（改正法第123条第6項）。

(4) 代理委員の辞任は，前述のような職権代理委員制度の趣旨を没却しないよう，正当な理由があり，裁判所の許可を得た場合にのみ認められます（改正法第123条第4項）。

(5) 代理委員は，報酬請求権，費用前払い請求権及び費用償還請求権を有し（改正法第123条第5項），その請求権は共益債権となります（改正法第127条第4号）。これは，裁判所の職権によって選任された代理委員の役割は，更生手続の進行の支障を解消するために更生手続に属する行為をすることにより管財人の業務の負担を緩和するものであること，裁判所の職権によって代理委員が選任されるような事案においては，代理委員

が直接本人から報酬等の支払いを受けることは期待できないことから，設けられたものです。

【代理委員制度】

1. 代理委員制度には，①利害関係人による代理委員の選任の制度と②裁判所による代理委員の選任制度の2つがあります。
2. ①は，更生債権者等が自発的に選任する場合ですが，裁判所が自発的に選任するよう勧告をすることも認められています。
3. ②については，一定の要件を満たしたときのみ裁判所の職権による選任がなされます。

6-3 調査委員

Q 更生会社の利害関係人が，更生会社の情報についてより詳しく知りたい場合，どのような制度がありますか。

A 利害関係人は，裁判所書記官に対して裁判所に提出された文書などの閲覧を請求できます。更生手続開始後は調査委員による調査などを命じる処分をするように申し立て，調査委員が裁判所に提出する調査報告書及び意見に関する文書につき，閲覧，謄写等をすることにより，より詳しい更生会社の情報を取得することができます。なお，更生手続開始前においても裁判所に調査命令を発するように申し立て，文書などの閲覧を請求することができます。

1 調査委員とは

　調査委員とは，裁判所の選任に基づき，更生手続開始の申立てから更生手続の終了までの間，裁判所が必要と認める事項についての調査報告または意見の陳述をすることにより，裁判所の更生事件の処理を補助することを目的として設けられた会社更生法上の機関です。

　倒産法制の見直しの議論が始まった当初は，債権者の更生手続開始の申立てを容易にするため，債権者に一定の要件のもとで更生手続開始の申立てと同時に調査委員の選任請求権を認める等，債権者が更生会社の情報を収集するための何らかの制度を設けることが提案されていました。

　しかし，債権者に調査委員の選任請求権を認める以外に，情報を収集するための適切な制度を構築することは困難であることから，下記のような改正を加えることにより，調査委員制度を整備することになりました。

第6章　利害関係人の保護

2 改正事項

1）利害関係人に調査委員による調査の申立権を認めたこと

　旧法下では，調査委員による調査命令は，もっぱら裁判所が職権で行っていました（旧法第101条第1項）。

　しかし，改正法では，利害関係人の申立てがあった場合にも，裁判所は調査委員による調査を命じることができるようになりました（改正法第39条，第125条第1項）。

　なお，立法過程においては，債権者が調査委員による調査の申立てをするに際し，申立権を濫用する事態を防止するため，申立てが許容される場合を一定の要件のもとに限定することも検討されました。しかし，①合理的で実効性のある要件を設けることは困難であること，②債権者は資本の10分の1以上に当たる債権を有する場合でなければ更生手続開始の申立てをすることができず（改正法第17条第2項第1号），更生手続開始の申立てをするときには手続の費用として裁判所の定める金額を予納しなければならない（改正法第21条第1項）ため，債権者による濫用的な更生手続開始の申立てが事実上抑制されていること，③民事再生法上の調査命令制度についても，特段の限定はなされていないが，選任請求権の濫用事例は見当たらないことから，一定の要件を設けるとの提案は見送られました。

2）調査委員選任の決定等に対する即時抗告を認めること，及びその即時抗告は執行停止の効力を有しないものとすること

　旧法下では，調査委員選任決定について即時抗告は認められていませんでした。

　しかし，改正法では即時抗告が認められました（改正法第125条第4項）。そして，その際更生手続に支障がないように，即時抗告は執行停止の効力を有しないことにしました（同条第5項）。

3）調査報告及び意見に関する文書の閲覧等

　旧法下でも，調査委員の調査報告及び意見に関する書類は，利害関係人の閲覧に供するため裁判所に備え置くことになっていました（旧法第101条

の2)。

これに対し，改正法では，調査報告等の開示についての総則規定（改正法第14条）を適用することとし，閲覧のみならず，謄写等をすることも可能となりました。

3 今後の課題

業務・会計の適正・公平さや透明性の確保のため，立法過程においては，更生手続全般に渡って，裁判所の知見を補充するとともに，手続や，裁判所の補助機関としてもっと調査委員制度を活用すべきであるとの視点から，調査委員の権能を拡大することも検討されました。しかし権能を拡大しても実際には機能しない可能性があり，かえって現場の混乱を招くとの懸念から今回の改正では調査委員の権能の拡大は見送られることとなりました。

【利害関係人のより詳しい情報収集方法】

1. 利害関係人に，調査委員による調査の申立権を認めました
2. (1) 調査委員選任の決定等に対する即時抗告が認められます。
   (2) その即時抗告は執行停止の効力を有しません。
3. 調査報告及び意見に関する文書の閲覧謄写等ができます。

第7章

会社更生手続における旧経営陣の地位

7-1 旧経営陣の管財人等への就任の可否

Q 更生会社の取締役や執行役は，管財人や保全管理人等になることができますか。

A 役員責任等査定決定を受けるおそれがあると認められる取締役・執行役は，管財人や保全管理人等になることはできませんが，それ以外の取締役・執行役であれば，管財人や保全管理人等になることができます。

1 旧法での取り扱い

　旧法では「管財人は，その職務を行うに適した者のうちから選任しなければならない。」（旧法第94条）と定められ，それ以外に管財人，管財人代理，保全管理人の選任資格に制限は設けられていませんでした。したがって，更生会社の取締役や執行役を管財人等に選任することもできました。現実に，昭和40年代以前には更生会社の旧経営陣を管財人に選任することも運用上行われていたようです。しかし，その後，中小規模の株式会社が更生手続を濫用しているとして，更生手続の厳格な運用を求める声が大きくなったため，旧経営陣を管財人等に選任することはなくなり，むしろ旧経営陣は，経営に関与していたという一事をもって管財人等には選任しないという運用が続いていました。

2 再建型倒産手続における取締役の経営能力の有効活用

　しかし，管財人の職務は，事業経営や更生計画の立案と遂行という側面も含んでいるため，経営手腕があり，かつ，会計的見識を併せ持つ事業家の役割の重要性が以前から指摘されていました。そこに，民事再生法が，再生債務者が再生手続開始後も原則として業務遂行権を失わない，いわゆ

るDIP型手続を採用したことから（民事再生法第38条第1項），会社更生法においても，同様のDIP型手続を導入すべきであるとの指摘がなされていました。

3 DIP型導入の是非について

　会社更生法の改正にあたって，会社更生法にも民事再生法と同様のDIP型手続を採用すべきか議論されました。DIP型であれば取締役の経営能力を有効活用できること，また早期の申立てが期待できるなどの理由から肯定的意見が出されました。

　しかし，次のような理由からDIP型手続は導入されないことになりました。すなわち，①取締役に更生会社の事業経営権及び財産管理処分権を残したとしても通常は更生計画により100％減資が行われますから，更生計画認可後は結局従来の取締役らの権限の存立基盤が失われてしまうこと，②主として中小企業を利用対象とした民事再生法においては，旧経営陣の人的信用や能力を活用しなければ企業の再建が困難であるのが通常でしたが，大規模な株式会社を利用対象として想定する会社更生法においては一般にそのような事情はないこと，③大規模な株式会社において，旧経営陣がそのまま更生手続開始後も事業経営を続けることは，大幅な権利制約を受ける更生債権者や更生担保権者の理解が得られにくいこと等です。

4 改正法の内容

　今回の改正においては，DIP型手続の導入はなされませんでしたが，更生会社の旧経営者の中には，更生手続開始の申立て直前に支援企業から派遣された者のように，経営責任がなく，かつ，支援企業と人的関係を有する者や，倒産について直接的な経営責任がなく，かつ，事業の更生に不可欠な特殊技能や能力を有する人材もいるため，このような人材を活用することが，更生会社の事業の更生に有用な場合があることは，否定できないことでした。

そこで，管財人や保全管理人等には，役員責任等査定決定を受けるおそれがあると認められる者を選任することができない旨の規定を設けることによって，取締役等の旧経営陣も，適任者であれば管財人等に選任することができる旨を，条文上明確にすることになったのです（改正法第67条第3項）。

5 改正法の実務への影響

　会社更生手続を申し立てる会社の経営陣は，自分達の業務遂行権を維持したいと考えることが多いと思いますので，裁判所に現取締役を管財人に選任するよう働きかけてくることもあると思います。一方，裁判所としても，会社更生手続を進めていくためには，有能な事業家の存在が非常に重要となってきますので，会社更生を申し立てた会社内に倒産について経営責任のない有能な取締役がいれば，その者を管財人に選任することも十分考えられるところです。

　一方，それに反対する更生債権者等の利害関係人は，財産状況報告集会において管財人の選任について裁判所に意見を述べること（改正法第85条第1項・第2項），財産状況報告集会が招集されないときは，管財人の選任について裁判所に対して一定期間内に書面で意見を述べること（改正法第85条第3項），さらには，重要な事由があるときは裁判所に対して管財人の解任を請求する等の手段によって対抗することになるでしょう（改正法第68条第2項）。

7-2 監督委員による調査報告

Q 更生会社の取締役や執行役などを管財人に選任しようとする場合，裁判所はその適性をどのように調査するのですか。

A 裁判所は，原則として，職権で債務者や大口債権者の意見を聞くなどして，当該取締役が管財人としての適性を有しているか調査することになります。しかし，かかる職権による審尋だけでは判断が困難な場合には，監督委員に命令して，更生会社の取締役等を管財人等に選任することの適否に関する意見書を提出させることにより，その適性を調査することになります。

1 旧法における取扱い

　旧法では，裁判所が管財人を選任するにあたって，どのように管財人の適性を調査するのかについて何ら定められていませんでした。裁判所は，職権で審尋するという総則規定に基づいて，債務者や金融機関をはじめ主な債権者の意見を聴き，誰が管財人として適任者であるか判断していました。

　会社更生手続においては，管財人が最も重要な役割を果たすといわれ，管財人に適任者を選べるかどうかが更生の見込みを大きく左右するといわれています。管財人の職務には，法律的知識だけでなく，経営者としての手腕，会計的見識が要求されます。したがって，この3つの要件を併せ持つ者が適任者だといえるのですが，現実にそのような人物を期待するのは大変難しいことです。他方で裁判所は，経済界に通じているわけではないので，法律知識だけでなく，経営者としての手腕と会計的見識を併せ持つ管財人を選び出すには広く情報を収集する必要があります。そこで，裁判所は職権で審尋するという形で，債務者や大口債権者から情報を得ているのです。

2 改正にあたっての議論

　今回の改正によっても管財人の適格性についての調査方法は基本的に変わりません。裁判所はこれまでどおり，職権による審尋によって誰を管財人にすべきかを決定することになります。

　ただし，今回の改正によって，更生会社の取締役であっても役員責任等査定決定（改正法第100条第1項）を受けるおそれがない者であれば，更生会社の取締役も管財人になれることが明確にされました（改正法第67条第3項）。

　つまり，今回の改正で，更生会社の取締役を管財人に選任する場合には，当該取締役が役員責任等査定決定を受けるおそれがない者であるという要件が付け加えられたのです。

　しかし，裁判所が，短期間の保全期間中に，相当数に及ぶ取締役等のすべてについて経営責任の有無や更生会社の事業の更生に役立つ能力を持っているか否か等を調査し，判断することは困難な場合があると思われます。

　そこで，裁判所は，取締役等を管財人に選任するか否かの判断の参考資料とするため，監督委員に対し，取締役等のうち裁判所の指定する者が管財人または管財人代理の職務を行うに適した者であるかどうかについて調査し，かつ，裁判所の定める期間内に当該調査の結果を報告すべきことを命ずることができるものとして，管財人等の選任の円滑化をはかったのです（改正法第37条）。

【管財人の適性についての調査】

原則	＝ 裁判所の職権審尋
更生会社の取締役等が管財人となる場合	＝ 裁判所の職権審尋＋監督委員に適性を調査させることも可

第7章　会社更生手続における旧経営陣の地位

7-3 取締役等の競業避止義務

Q 更生会社の取締役及び執行役が，更生会社の営業と競合する取引をする場合，どのような手続が必要になりますか。

A 更生会社の取締役及び執行役が，更生手続開始後に更生会社の営業と競業する取引を行う場合には，管財人に対し，その取引についての重要な事項を開示し，その承認を受けなければなりません。ただし，取締役に更生会社の事業経営権及び財産管理処分権が付与された場合には，取締役会の承認を得ることが必要となります。また，取締役が管財人に選任された場合には，裁判所の許可が必要となります。なお，保全管理人が選任されている期間中は，保全管理人の承認が必要となります。

1 旧法における取扱い

　旧法においては，取締役の競業行為に関する規定は置かれていませんでした。そのため，取締役が競業行為を行うには管財人の承認を要するとする見解と取締役会の承認を要するとする見解とが対立していました。そこで，今回の法改正により解釈論上の争いを立法的に解決しました。

　会社更生手続を申し立てた会社の取締役の多くは，取締役を辞任したいと希望するのが今までの実情でした。しかし，株式会社の取締役は最低3人以上であることが要求されています（商法第255条）。更生会社としては取締役の辞任の申出を受け付けていますと，取締役の人数が不足し，会社として存続できなくなってしまいます。

　そこで，これまでの実務では，更生会社は取締役の辞任を認めないという運用がなされていました。つまり，取締役が辞表を提出した場合でも，保全管理人あるいは管財人は辞表を預かったままにしておき，認可決定まで登記簿上の取締役の名前はそのままにしていました。

しかし，更生会社とは無関係に，競業をしたいという取締役のニーズには無視し得ないものがありました。

2 改正法の内容とその意義

このような更生会社の取締役のニーズに応えるため，改正法によって手続を明確にし，取締役も競業行為を行える途を広げました。

そして，競業行為の承認が，会社に損害を与えることを防止するためのものであることから，その性質は組織法的・社団的活動ではなく，行為法的・財産的活動であると位置付けられ，競業行為の承認権限が管財人にあることが明確にされました。

取締役の競業避止義務についての改正法の内容は次のとおりです。

1）原則＝管財人の承認

原則として，更生会社の取締役または執行役は，更生手続開始後その終了までの間において自己または第三者のために更生会社の営業の部類に属する取引をするには，管財人に対し，その取引について重要な事実を開示し，その承認を受けなければなりません（改正法第65条第1項本文）。

2）重要事実の開示

競業行為をした取締役または執行役は，遅滞なく，当該取引についての重要な事実を管財人報告しなければなりません（改正法第65条第2項）。

3）介入権

更生会社の取締役または執行役が，管財人の承認を得ずに自己のために取引をしたときは，管財人は，これをもって更生会社のためにしたものとみなすことができます。ただし，当該取引の時から1年を経過したときは，この限りではありません（改正法第65条第3項）。

4）損害額の推定

更生会社の取締役または執行役が，管財人の承認を得ずに取引をしたときは，当該取引により取締役もしくは執行役または第三者が得た利益の額は，更生会社が被った損害の額と推定されます。ただし，管財人が介入権

を行使したことにより，更生会社のためにしたものとみなしたときは，この限りではありません（改正法第65条第4項）。

5）取締役会の承認を要する場合

原則は以上のとおりですが，更生計画の定めまたは裁判所の決定で，更生計画認可決定後の取締役に更生会社の事業経営権及び財産管理処分権が付与された場合（改正法第72条第4項前段）には，取締役は，その本来の権限を回復し通常の株式会社と同様の状態になります。

そこで，この場合には管財人ではなく取締役会の承認を要するものとされています（改正法第65条第1項但書）。

6）取締役が管財人に選任された場合

取締役が管財人に選任された場合には，取締役としての地位と管財人としての地位が同一人に帰属することになり，管財人としての立場から自己の競業行為を承認することは相当ではありません。そのため，当該取締役が競業行為を行うときは，裁判所に対し，その取引についての重要な事実を開示し，その承認を受けなければならないものとされました（改正法第79条第1項）。

なお，保全管理人が選任されている期間中は，保全管理人の承認を得なければなりません（改正法第34条第4項，第65条）。

【取締役の競業行為の承認権限】

・原　則	⇒　管財人の承認
・取締役に事業経営権及び財産管理権が付与された場合	⇒　取締役会の承認
・取締役が管財人に選任された場合	⇒　裁判所の承認
・保全管理人が選任されている期間中	⇒　保全管理人の承認

7-4 取締役等の報酬

Q 更生手続が終了するまでの間，更生会社の取締役，執行役及び監査役の報酬は支払われるのですか。

A 更生会社の取締役，執行役及び監査役には，原則として報酬は支払われません。もっとも，更生会社の事業経営権及び財産管理権が取締役に付与された場合には，管財人が裁判所の許可を得て定めた額の報酬が支払われます。

1 取締役・執行役について

1）旧法における取扱い

旧法は，取締役の報酬に関して何ら規定していませんでした。そのため取締役に報酬請求権があるのかについて疑問がありました。

一般的に学説では，更生手続開始後は，更生会社の事業経営権及び財産管理権が管財人に専属し，取締役・監査役の職務というべきものがなくなることから，報酬請求権は休止すると解されていました。また，実務上も，更生手続開始後の取締役に対して報酬が支払われるということはありませんでした。

ただし，取締役は更生会社の事業継続に必要な場合も多く，管財人が取締役を使用することも多かったようです。その場合，取締役には従業員としての給料が支払われていました。もっとも，取締役の中には他の会社に就職すれば，その会社の他の取締役と同等の報酬をもらえる者もおり，従業員としての給料だけでは有能な取締役の流出を阻止できないということもあったようです。

2）改正においての議論

今回の改正において，このような旧法時代の運用についていくつか問題

第 7 章　会社更生手続における旧経営陣の地位　163

点が指摘されました。

　まず，①取締役としての報酬が支払われないのは，報酬請求権が休止するからであると解されていますが，「休止」ということが不明確であるということが指摘されました。また，②更生計画認可決定後に取締役に事業経営権及び財産管理権が付与された場合，取締役の報酬はどうすべきかという点も指摘されました。さらに，③更生手続開始後であっても，取締役は，株主総会の招集（商法第231条）等の更生会社の組織法的，社団法的事項について権限を有していますが（改正法第72条第1項），取締役が，例外的に組織法的，社団法的事項に関する行為を行った場合，その報酬をどう取り扱うべきかという点が指摘されました。

3）改正法の内容

　上記の議論のうち，まず①については，従来の学説・実務上の運用を追認し，取締役は，更生手続開始後その終了までの間は，更生会社に対して報酬を請求することができないということが明確にされました（改正法第66条第1項本文）。

　次に，②については，更生会社の事業経営権及び財産管理処分権が取締役に付与された場合には，取締役はその本来の権限を回復することから，この場合には報酬請求権が認められました（改正法第66条第1項但書）。

　ただし，報酬の額については，その適正さを確保するため，管財人が裁判所の許可を得てその額を定めることになります（改正法第66条第2項）。

　また，③については，取締役がそのような行為を行った場合，当該行為が更生会社の事業の更生に必要なものである場合には，取締役は，共益債権として当該行為に要した費用の随時弁済を受けることができますので（改正法第127条第7号），報酬請求権は認められないこととされました。

■2 監査役について

　旧法は，監査役の報酬についても何らの規定も置いていませんでしたが，改正法は，監査役についても更生手続開始後その終了までの間は，実質的

に監査役の職務というものがなくなるため，報酬請求権が認められないことを明確にしました（改正法第66条第1項本文）。

　ただし，取締役に業務遂行権及び財産管理処分権が付与された場合には，監査役は取締役の職務を監督する必要があるため，その場合は，取締役と同様，管財人が裁判所の許可を得て定めた額の報酬を受けられることになりました（改正法第66条第1項但書，第2項）。

第8章

会社更生手続における従業員及び労働組合の地位

8-1 労働組合または使用人代表の手続関与

Q 労働組合または従業員の代表者は，更生手続にどのように関与できますか。

A 改正会社更生法では，労働組合等の手続関与として，①更生手続開始の決定の際の裁判所による意見聴取，②営業譲渡の許可の際の裁判所による意見聴取，③関係人集会の期日の通知，④財産状況報告集会での意見陳述，財産状況報告集会が開かれない場合の書面による意見陳述，⑤更生計画案に関する裁判所の意見聴取，⑥更生計画の認可・不認可についての裁判所に対する意見陳述，⑦更生計画の認可・不認可の決定の通知，が認められており，労働組合または従業員の代表者はそのような手続を通じて更生手続に関与することができます。

1 旧法の内容と旧法下での実務

旧法では，労働組合等の手続関与として，更生計画案に関して裁判所による意見聴取を定める規定を置いているだけでした。

しかし，更生会社の労働者は，更生手続の帰趨によっては職を失う等の重大な利害関係を有していますので，その権利の保護をはかる必要があります。また，更生会社の再建を実現するためには労働組合の協力が不可欠であるので，上記のような規定だけでは不十分でした。そこで，今回の改正においては，労働者の手続関与を広く認める民事再生法と同様の制度を会社更生法に設けるべきであるとの指摘がなされていました。

もっとも，旧法下の実務においても，法律の定めはありませんでしたが，裁判所や，保全管理人，管財人らによって，労働組合等の意見は更生手続に反映されていました。労働者がいなければ更生会社の再建などあり得ないわけですから，管財人らは労働組合等の意思をできるだけ尊重した更生

方法を選択してきました。しかし，どのような手続を踏むかについて法律が定めているわけではありませんので，どのような管財人が選任されるか等の事情により差があったのも事実です。

2 改正にあたっての議論

今回の改正にあたっては，労働組合等の手続関与の重要性と旧会社更生法の規定の不備については異論がなく，もっぱら，会社更生法に民事再生法が認める制度以外に，より広く労働者の意見を聞くため，新たな制度を設けるべきか否かが問題とされました。

特に検討されたのが，①営業譲渡を行う際に，裁判所の労働組合に対する意見聴取以外に，管財人と労働組合が協議をなすことを義務付けるか否か，②更生手続開始の決定の際の裁判所による意見聴取を義務付けるか否かの2点でした。

まず①については，更生手続において営業譲渡がなされた場合，営業の譲渡先に行ける従業員もいれば行けない従業員もいるなど，従業員の身分に特に大きな影響があることから，営業譲渡を行う際には管財人と労働組合が協議を行うべきであるとの主張がなされました。更生手続において営業譲渡がなされた場合の従業員の地位に与える影響は大きく，その保護が重要であるとの認識は一致しましたが，更生手続において管財人が労働組合との協議を経ずに営業譲渡を行うことは考えられず，裁判所による意見聴取も行われることから，管財人と労働組合が営業譲渡についての協議を行うことを義務付ける旨の明文規定を置くことは見送られました。

また②については，例えば従来の運用でも，更生手続開始決定にあたって，裁判所が直接現場まで赴いて従業員の代表者の意見を聴取するなど，十分な意見聴取がなされていたこと，更生手続開始決定を早期に行う必要がある場合には迅速性の点で問題があることなどから，そのような制度を設けることに反対する意見もありました。しかし，将来的に会社更生手続が頻繁に使われるようになった場合，現在の運用が維持されるとは限らず，

また，裁判所が労働組合の意見を聴取することが，それほどの時間を必要とするとは考えられないとの理由で，更生手続開始決定の際には，裁判所が労働組合の意見を聴取しなければならないことが明文化されました。

3 改正法の内容

　以上のように，今回の改正では，民事再生法において設けられている制度と，それ以外に，更生手続開始決定の際の裁判所の意見聴取の制度が新たに規定されました。

　すなわち，改正法では，①更生手続開始の決定の際の裁判所による意見聴取（改正法第22条第1項），②営業譲渡の許可の際の裁判所による意見聴取（改正法第46条第3項第3号），③関係人集会の期日の通知（改正法第115条第3項），④財産状況報告集会での意見陳述，財産状況報告集会が開かれない場合の書面による意見陳述（改正法第85条第3項・第4項），⑤更生計画案に関する裁判所の意見聴取（改正法第188条），⑥更生計画の認可・不認可についての裁判所に対する意見陳述（改正法第199条第5項），⑦更生計画の認可・不認可の決定の通知（改正法第199条第7項）が労働組合等の手続関与規定として定められました。

4 改正による実務への影響

　先にも述べましたように，旧法の下においても決して労働組合等の意見がないがしろにされてきたわけではありませんでした。しかし，今回の改正により，更生手続を遂行するにあたっては，以上に述べた手続が画一的に踏まれることになりますので，労働者の更生手続への参加の機会はこれまでよりも強く保障されることになるでしょう。

8-2 社内預金の取扱い等

Q 更生会社に対するいわゆる社内預金は，全額保護されるのですか。また，未払い給料や更生計画認可決定前に退職した社員の退職金は全額支払われますか。

A 社内預金については，更生手続開始前6カ月間の給料の総額に相当する額，または社内預金の3分の1に相当する額のいずれか多い額については共益債権として保護され，優先的に支払いを受けられます。

　更生手続開始前6カ月間の未払い給料も共益債権として保護され，優先的に支払いを受けられます。

　退職金については，退職前6カ月間の給料の総額に相当する額，または退職金の3分の1に相当する額のいずれか多い額は共益債権とされ，優先的に弁済を受けられます。

1 旧法における取扱い

　旧法においては，使用人の未払い給料については更生手続開始前6カ月間の給料，退職金については退職前6カ月間の給料の総額に相当する額またはその退職金の額の3分の1に相当する額のうちいずれか多い額を限度として共益債権とされ（旧法第119条後段，第119条の2第1項），その他の未払い給料と退職金は優先的更生債権として取り扱われていましたが，社内預金については全額が共益債権とされていました（旧法第119条後段）

　このように社内預金だけが優先して保護されていたのは，次のような理由からでした。そもそも，会社更生法立法当時に想定されていた預り金の典型例は，職場から金融機関までの距離が遠い炭鉱等の労働者が，会社に給料等を預けておいたような場合でした。このような場合，預り金の実質は従業員の給料が会社に預けられていることにほかなりませんから，取戻

権に準ずる取扱いをすべきであると考えられ，その全額を共益債権とする扱いにしました。

　しかし，現在では預り金のほとんどが貯蓄の性質を有するようになっています。そこで，社内預金の扱いと未払い給料の扱い等とのアンバランスさが指摘されるに至りました。すなわち，社内預金は余裕資産の貯蓄である一方，給料は使用人の日々の生活の糧であるにも関わらず，社内預金を全額共益債権として保護しながら，給料については6カ月分しか保護しないのでは均衡を失していると指摘されたのです。

2 改正における議論

　社内預金をしている人の数は，減少傾向にありますが，以前から社内預金制度を用いていた会社では，金融機関の利率よりも高く，使い勝手も悪くないことから，従業員の福利厚生の制度として定着しているのが現状です。

　そのような現状を肯定的にとらえ，改正に反対する見解もありました。

　すなわち，社内預金をしている人は，会社が倒産しようと社内預金だけは戻ってくると考えています。

　そのような社内預金制度への信頼を改正によって奪ってしまっては，せっかく従業員の福利厚生の制度として定着している社内預金制度に大きな影響を与えることが憂慮されます。また，社内預金は決して余裕資産を預けているわけではなく，従業員がその給料をコツコツと会社に預けているのが現実ですから，取戻権に準ずる取扱いをすることも不合理ではないとの理由からです。

　しかし，未払い給料や退職金の扱いと比較すると，やはり不均衡であること，それに加え，社内預金はその多くが資金繰りに使われ，いざ会社が破綻した場合，社内預金の返還債務は莫大な額になっているなど，社内預金という制度自体あまり好ましくないという理由で，やはり見直されるべきであるとされました。

3 改正法の内容と実務への影響

以上のように，社内預金については，給料，退職金の扱いとのバランスをとるため次のような取扱いとなりました。

すなわち，更生手続開始前の原因に基づいて生じた会社の使用人の預り金の返還請求権は，更生手続開始前6カ月間の給料の総額に相当する額またはその預り金の額の3分の1に相当する額のいずれか多い額を共益債権とすることになりました（改正法第130条第5項）。これにより，社内預金の取扱いは退職金の取扱いとほぼ同様になりました。

なお，未払い給料と退職金の取扱いについては変更はありません（改正法第130条第1項・第2項）。

【社内預金の取扱い等】

	改正前	改正後
社内預金	全額が共益債権	更生手続開始前6カ月間の給料の総額に相当する額またはその預り金の額の3分の1に相当する額のいずれか多い額を共益債権とする
未払い給料	更生手続開始前6カ月間の給料は共益債権	（変更なし）
更生計画認可決定前に退職した社員の退職金	退職前6カ月間の給料の総額に相当する額またはその退職手当の額の3分の1に相当する額のいずれか多い額を共益債権とする	（変更なし）

第9章

社債権者及び社債管理会社

9-1 社債権者の手続参加

Q 社債管理会社が設置されている場合でも，社債権者は個別に議決権を行使することができますか。

A 社債権者集会の決議により，更生手続に関する一切の行為について，社債管理会社に授権がなされた場合には，各社債権者が個別に議決権を行使することはできませんが，このような決議がなされていない場合には，社債権者は，当該社債について更生債権の届出をするか，議決権行使の届出をすることによって個別に議決権を行使することができます。

1 旧法における取扱いと問題点

　旧法においては，社債権者が更生手続に参加した場合についての規定を置いておらず，社債権者の手続参加についてはもっぱら商法中の社債関連規定に委ねられていました。

　商法の規定によれば，社債管理会社が社債権者集会の決議により更生手続に属する一切の行為について授権を受け，これに基づいて更生手続上の権利を行使することが予定されています（商法第309条ノ2）。

　しかし，社債権者は一般に投資対象として社債を購入しているに過ぎないため，更生手続の進行や更生計画の内容に関心を持たない者が多く，そのために社債権者集会における決議に必要な定足数を確保すること自体が困難であるといわれていました。

　一方，社債権者集会における授権決議がされない場合には，個別の社債権者がそれぞれ議決権をはじめとする更生手続上の権利を行使することになりますが，社債権者が自ら関係人集会に出席して議決権を行使することも同様に期待することができません。

第9章　社債権者及び社債管理会社

そのため，多額の公募社債を発行している更生会社においては，多数の社債権者の議決権が行使されず，提出された更生計画案が合理的なものであっても可決に必要な同意を得ることができないという事態を生じ，ひいては，社債権者の利益も損なわれることになる危険性があると指摘されていました。

　さらに，社債管理会社は，商法第309条第1項，第309条ノ5により，個々の社債権者を表示することなく，更生債権等の届出をすることができ，実際にも，このような形で届出がされるのが通常でした。しかし，そのような届出では，裁判所が社債権者の氏名，住所等を把握することができないため，更生事件に関する情報を社債権者に提供することができず，また，管財人も更生計画案の内容を説明する機会を持てないという不都合が生じていました。

2　改正法の内容

　旧法においては，社債権者の手続参加について以上のような問題点がありました。それに加え，無記名公募社債を発行している株式会社が最近になって更生手続開始の申立てをする事例が散見されるようになったことから，今回の改正において，社債権者の更生手続への参加手続について見直しがはかられました。

　今回の改正では，社債権者は商法上の社債管理会社制度（商法第309条）によって更生手続に参加することを前提とした上で，社債権者の意思を反映させつつ，円滑に更生手続を遂行させるために議決権行使の届出制度が設けられました。

　すなわち，原則として，社債管理会社がある場合，社債権者は，①当該社債について更生債権等の届出をしたとき，または届出名義の変更を受けたとき，②当該社債管理会社等が当該社債について更生債権等の届出をした場合において，更生計画案を決議に付する旨の決定があるまでに，裁判所に対し，当該社債について議決権を行使する意思がある旨の申出をした

とき，のいずれかに該当する場合に限り，議決権を行使できるとされました（改正法第190条第1項）。

そして，以上のような届出をしなかった社債権者は，関係人集会において議決権行使することができないこととして，当該社債に係る議決権の額を改正法第196条第5項の「議決権を行使することができる更生債権者の議決権の総額」等から除外することにより，更生計画案の可決要件の母数から除くこととされました。これにより，社債権者の議決権の行使がないために更生計画案が可決できないという事態を回避することができるようになりました。

なお，社債権者が議決権行使の届出をするときには，社債管理会社が届け出た更生債権または更生担保権を，当該社債権者が有していることを裁判所に疎明することが必要となります。そこで，その届出書には新たに社債の写しを添付するなど，証拠書類の写しを添付することが必要となりました（会社更生規則第40条第2項，第53条）。

このように社債権者は，更生債権の届出をすること，あるいは議決権行使の届出をすることができますが，その反面，届出をしない場合は，関係人集会において議決権を行使することができなくなることから，社債権者に対する手続上の保護をはかるため，裁判所は，更生手続開始の決定をしたときは，社債管理会社がある場合には，社債権者は先に述べた届出をしなければ議決権を行使することができない旨を公告すると同時に，社債権者に対してその旨を通知しなければならないとされました（改正法第43条第1項第5号，第2項）。

さらに，この議決権行使の届出制度は，商法が予定する社債権者集会の決議による授権の制度が機能しない場合に備えて設けられるものですから，社債管理会社が社債権者集会の決議により総社債権者のために議決権を行使することの授権を受けた場合には，各社債権者が個別に議決権を行使することは許されないとされました（改正法第190条第3項）。

このように社債権者は積極的に更生手続に参加しなければ，可決要件の

母数から除外されることになりましたので，今後，社債権者の議決権が行使されないがために，更生計画案が可決されないというような危険性はなくなることになります。

9-2　社債管理会社等の費用及び報酬

Q 社債管理会社が，更生債権等である社債の管理事務を行った場合，その費用は更生会社から支払われるのですか。また，社債管理会社は，更生会社から報酬の支払いを受けられるのですか。

A 社債管理会社が行おうとする社債管理事務について，裁判所が，更生手続の目的を達成するために必要があると認め，その費用の償還請求権を共益債権とする旨の許可をした場合，社債管理会社は更生会社から優先してその費用の支払いを受けることができます。また，そのような許可を得ていない場合でも，裁判所が，当該社債管理会社が更生会社の事業の再生に貢献したと認め，その貢献の程度に応じて相当と認める額を共益債権とする旨の許可をした場合は，社債管理会社はその許可を受けた額につき優先して支払いを受けることができます。

また，報酬については，裁判所が相当と認め，共益債権とする旨の許可を受けた額については，優先的に支払いを受けることができます。

1　旧法における取扱いと問題点

旧法には，社債管理会社の費用償還請求権及び報酬請求権についての規定はなく，その取扱いは，もっぱら商法の社債関連規定に委ねられていました。

商法第336条第1項によれば，社債管理事務に伴う費用，報酬は，発行会社が負担すべきものとされており，更生手続の実務においては，社債管理事務に伴う費用償還請求権及び報酬請求権は，共益債権として取り扱われることが多いといわれていました。

しかし，社債管理事務は，基本的には社債権者のためになされるものですから，更生手続開始後の社債管理会社の費用償還請求権や報酬請求権は，

性質上当然に共益債権にあたるとは言い難いものです。

　他方で，商法は，社債権者の利益を保護するため，一定の場合に社債管理会社の設置を強制し，社債管理会社が社債管理を行うことを法定していますが（商法第309条第1項，第309条ノ2第1項），社債管理事務に伴う費用等を共益債権として扱わなければ，このような制度の趣旨を実現することは困難です。また，社債管理会社が社債管理事務を遂行することにより，管財人の更生手続上の事務負担が軽減するなど，更生手続上有益な側面もあります。

　そこで，これらの事情を踏まえて社債管理事務に伴う費用償還請求権及び報酬請求権を一定の範囲で共益債権化すべきであると考えられ，今回の改正がなされました。

2　改正にあたっての議論と改正法の内容

　しかし，一定の範囲で社債管理会社の費用償還請求権を共益債権化するとしても，実際の運用を考えると，社債管理会社が選択する管理方法によっては，膨大な費用を要するというような場合もあり，社債管理会社にあまりに広範な裁量を認めると，更生会社の資産が著しく減少してしまう危険性があります。

　そこで改正法では，社債管理会社の費用償還請求権と報酬請求権については，裁判所の許可に係らせた上で共益債権化するという枠組みで改正を行いました。

　すなわち，社債管理会社が更生債権等である社債の管理に関する事務を行おうとする場合には，裁判所は，更生手続の目的を達成するために必要があると認めるときは，社債管理会社の当該事務に関する費用償還請求権を共益債権とする旨の許可をすることができることとされました（改正法第131条第1項）。これによって，社債管理会社に，事前に裁判所に相談することを促し，社債の管理に関して不必要な費用を支出することを回避することが可能となります。

また，社債管理会社は，緊急に社債管理事務を行わなければならない場合もあり，そのような場合に，裁判所の事前の許可を得ることが困難であることから，社債管理会社が事前の許可を得ないで更生債権等である社債の管理に関する事務を行った場合でも，裁判所が，当該社債管理会社が更生会社の事業の更生に貢献したと認めるときは，当該事務の処理に要した費用の償還請求権のうちその貢献の程度を考慮して相当と認める額を共益債権とする旨の許可をすることができることとなりました（改正法第131条第2項）。

　次に，報酬についても，社債管理会社が更生手続中の社債管理事務の内容に照らして過大な報酬を請求することがないように，社債管理会社の報酬請求権は，裁判所が相当なものとして許可した限度において共益債権とするものとされました（改正法第131条第3項）。

第10章

更生計画

10-1 更生計画による更生債権等の弁済期間

Q 更生計画によって更生債権等の弁済をする場合，その弁済期間についてどのような制限がありますか。

A 更生計画における更生債権及び更生担保権の弁済期間は原則として15年以内でなければなりません。ただし，更生計画の内容が更生債権者等に特に有利なものになる場合，その他特段の事情がある場合は，20年以内で弁済期間を定めることができます。

1 旧法での取扱いと問題点

　旧法は，更生計画よる弁済期間は，原則として認可決定から20年を超えてはならないとしていました。また，担保権の耐用年数が20年以上の場合には，その年数が最長期間になるとされていました（旧法第213条）。

　しかし，20年あるいは担保権の耐用年数を弁済期間の上限とすることは，変化の激しい現在の経済社会ではあまりに長期間であり，また，その更生計画の遂行の可能性を判断することも困難です。

　そこで，現在の経済社会の実情に適合するように，更生計画で許容される弁済期間を短縮する方向で改正の議論がなされました。

2 改正における議論

　改正における議論では，更生計画における弁済期間は，民事再生法第155条第2項にならい，更生計画認可決定時から10年とすべきであるとの見解もありました。

　確かに，更生計画における弁済期間は短いほうがよいともいえますが，弁済期間を短縮するとそれだけ弁済原資が減ることになります。一般的に更生債権者等は，できるだけ高い弁済率を要求しますので，弁済期間を短

第10章　更生計画　187

縮して債権のカット率が高くなると，そもそも更生計画を可決，認可すること自体できなくなることが危惧されました。

また，民事再生法では，第53条第2項で，担保権が別除権として扱われ，担保権付債権の弁済は計画外の合意により処理されることとなっているのに対し，会社更生法においては，担保権付債権も更生担保権として更生計画内で弁済しなければならないことから，民事再生と同様に考えることはできないとされました。

そこで，更生計画における弁済期間の上限は，旧法の20年よりは短く，しかし民事再生法の10年よりは長い，15年という期間に定められました。

しかし，非常に大規模な会社となると，保有資産も大きくなりますので，15年で清算価値保障原則を上回る金額を払わなければならないとすると，短期間で相当高額な金額を支払わなければならなくなります。ところが，収益が落ち込み，更生手続を開始した更生会社が，高額の弁済額の支払いをするだけの収益を上げることが困難な場合もあるだろうと予想されました。そこで，特段の事情があるときは，弁済期間を延期できるようにするべきであるとされました。

なお，更生担保権は一般更生債権よりも高い弁済率が要求されることから，一般更生債権については10年，更生担保権については15年にすべきであるとの見解もありましたが，更生計画において更生担保権を一般更生債権よりも優先して取り扱わないという原則と矛盾しかねないため，更生担保権と一般更生債権とで差は設けられないこととされました。

3 改正法の内容

以上の議論を受けて，まず，耐用期間が判定できる担保物がある場合は，当該耐用期間または15年（更生計画の内容が更生債権者等に特に有利なものになる場合その他の特別の事情がある場合は，20年）のいずれか短い期間内で債務の期限を定めることとされました（改正法第168条第5項第1号）。

また，それ以外の場合は，15年（更生計画の内容が更生債権者等に特に有

利なものになる場合その他の特別の事情がある場合は，20年）を超えてはならないとされました（改正法第168条第5項第2号）。

　なお，更生計画を変更する場合（改正法第233条第1項）についても，同様です（改正法第233条第3項）。

【更生計画の弁済期間の上限】

	改　正　前	改　正　後
担保があるとき（耐用期間が判定できる場合）	担保物の耐用期間	担保物の耐用期間または15年（例外：20年）のいずれか短い期間
担保がないときまたは担保物の耐用期間が判定できないとき	20年	15年（例外：20年）

10-2 更生計画に基づく社債及び新株の発行

Q 更生計画に基づいて社債を発行する場合，その償還期限についてどのような制限がありますか。また，更生計画に基づいて新株を発行する場合，新株の払込期日についてどのような制限がありますか。

A 更生計画に基づいて発行された社債については，その償還期限に制限はありません。また，更生計画に基づいて新株を発行する場合の新株の払込期日についても何ら制限はありません。

1 更生計画に基づいて発行する社債の償還期限

1）旧法における取扱い

　旧法第213条では，更生計画によって債務が負担されるときは，その債務の償還期限は，担保があるときはその担保の耐用期間，担保がないときまたは担保物の耐用期間が判定できないときは20年を超えてはならないとされていたため，文理上は，更生計画により社債を発行する場合も，その償還期限が制限されることになっていました。

　そして，学説における通説的見解も，同条が定める更生計画における更生債権等の弁済期間の潜脱とならないように，更生計画により旧債務を社債と振り替える場合には，社債の償還期限は同条により制限されるが，旧債務との振り替えによらずに発行する場合には，同条の制限がかからないと解していました。

2）改正における議論と改正法の内容

　今回の改正においては，通説的見解を明文化することが考えられましたが，一方で社債が有価証券であり，流通性が認められることに鑑み，社債の償還期限については制限を設けない旨の提案もなされました。

　この点について，前問（Q10−1）で見たように，改正法第168条第5項

で，新たに更生計画における更生債権等の弁済期間が15年以内に制限されたことから，仮に，社債の償還期限について制限を設けないとすると，15年以内と法定された弁済期間が潜脱されることが危惧されました。

しかし，実際に更生計画における弁済期間を潜脱するために，関係人集会の同意を得て，旧債務を社債に振り替えるのは困難であると考えられました。また，社債は一般の債権とは異なり，有価証券として流通性が強化されていることから，社債を転売して投下資本を回収することも可能であり，今後も社債流通市場がさらに成熟化することも期待できることから，社債の償還期間を法定しなくても，それほど不都合はないだろうと考えられました。

さらに，旧債務に代えて転換社債を発行した場合には，債務の株式化を行った場合に近い効果が生じることになりますが，債務の株式化がなされた場合には，もちろん償還期限は問題になりません。また，転換社債については，最近，債権者側のニーズが高まっており，そのような手法を広く認めることが更生計画を立案する上で有益であるところ，社債の償還期限が法定されるとなると，そのような手法を制限しかねなくなると考えられました。

そこで，更生計画により社債を発行する場合には，その償還期限を制限しないものとし，その償還期限の長短の相当性の判断は，関係人集会における利害関係人の判断に委ねられることとなりました（改正法第168条第6項）。

2 更生計画の定めに基づく新株発行

旧法においては，更生計画によって新株を発行する場合には，新株の払込期日を更生計画認可の決定の日から3カ月を経過した日でなければならないとされていました（旧法第222条第2項第2号，第3項第3号）。

このように新株の引受人に資金調達の余裕を与えて，不当に失権することがないように配慮していました。

しかし，更生計画によって新株を発行する場合，引受人の大部分はスポンサー企業です。一般的に，スポンサー企業は事前に十分な資金調達をしていますので，資金調達の余裕を与えることを考える必要はありません。
　むしろ，新株の払込期日を更生計画認可の決定の3カ月後とすることが，更生手続を迅速に遂行する上での障害となっていました。
　そこで，今回の改正によって，新株の払込期日の制限を定める規定は削除されました（改正法第175条）。

10-3 更生計画案の提出期限

Q 更生計画案はいつまでに提出しなければならないのですか。

A 管財人は，更生債権等の届出期間の満了後，更生開始決定日から1年以内の裁判所が定める期間内に更生計画案を作成し，提出しなければなりません。また，更生会社，届出をした更生債権者等または株主等も，更生手続開始決定から1年以内の裁判所が定める期間内に更生計画案を作成し，提出しなければなりません。もっとも，裁判所が，特別の事情があることを認め提出期間を伸長した場合には，管財人等は，伸長された期間内に更生計画案を作成し，提出すれば足ります。

1 旧法における取扱い

旧法は，更生計画案の提出期限について，更生債権等の届出期間の満了後で裁判所の定める期間内に更生計画案を作成し，提出しなければならないとしていましたが（旧法第189条第1項），裁判所が定める期間については何らの制限もなされていませんでした。

しかし，実務の運用では，裁判所は更生手続開始決定後1年以内に更生計画案の提出期限を設けることも多かったようです。

2 改正における議論

以上のように，実務の運用では，更生手続開始後1年以内の期間に更生計画案の提出期限が定められることも多く，迅速な更生手続の遂行という点では大きな問題は生じていませんでした。

しかし，更生計画案の提出期限について法定の制限がないため，運用次第では迅速な更生手続の遂行がはかれない危険がありました。

そこで，より確実に更生手続の迅速な遂行を実現するために，更生計画

第10章 更生計画　193

案の提出期限について法定の制限を設けることになりました。

　また，従来の運用では，更生債権者等の提出期限は，管財人の提出期限よりも早い時期に設けられ，管財人は更生債権者等が先に提出した更生計画案も参考にして自らの更生計画案を作成していました。管財人が更生債権者等の更生計画案をも参考とすることで，利害関係人の意見の調整をはかることができていたわけです。そこで，今回の改正においては，そのような運用を維持するため，管財人と更生債権者等について異なる提出期限を設けることができることを明確にするべきであると指摘されました。

　さらに，裁判所が，更生計画案の提出期限を定めるにあたって考慮する事項には，不確定要素が少なくないことから，管財人や更生債権者が努力を尽くしても，裁判所が指定した日までに更生計画案を提出できない場合も予想されます。そこで，このような場合に対処するため，提出期限を変更できるものとすべきであるとされました。もっとも，提出時期の変更が繰り返し行われると，開始決定時に更生計画案の提出時期を定めることによって，更生手続全体の迅速化をはかった趣旨が損なわれることになるので，更生計画案の提出時期を変更できる回数を制限すべきであるとされました。

3 改正法の内容

　以上のような議論を受け，次のような規定が設けられました。

　まず，管財人は，更生債権等の提出期間の満了後裁判所が定める期間内に，更生計画案を作成して裁判所に提出しなければならないとされました（改正法第184条第1項）。

　また，更生会社，届出をした更生債権者等または株主等は，裁判所の定める期間内に，更生計画案を作成して裁判所に提出することができるとされました（改正法第184条第2項）。

　このように，管財人と更生債権者等を別けて規定することにより，異なった提出期限を設けられることが明確にされました。

そして，裁判所の定める期間の末日は，更生手続開始の決定の日から1年以内の日でなければならないとされ，更生手続の提出期限に法定の制限が設けられました（改正法第184条第3項）。

　さらに，裁判所は，特別の事情があるときは，申立てによりまたは職権で，更生計画案の提出期間を伸長できることが定められました（改正法第184条第4項）。もっとも，かかる更生計画案の提出期間の伸長は，やむを得ない事由がある場合を除き，2回を超えてすることができないとされています（会社更生規則第50条第2項）。

第11章

関係人集会

11-1　関係人集会の招集

Q 関係人集会はどのような場合に，どのような手続によって招集されますか。

A 関係人集会は，管財人や関係人委員会，一定額の債権を有する更生債権者等または一定数の株式を有する株主による申立てがあったとき，また，これらの申立てがない場合でも裁判所が相当と認めるときに開催されます。

　裁判所は，管財人，更生会社，更生債権者，更生担保権者，株主等を期日に呼び出さなければなりません。関係人集会の期日及び会議の目的事項は公告され，関係人集会の期日は，労働組合等にも通知されます。

1　関係人集会の招集

　裁判所は，①管財人，②更生債権者委員会，③更生担保権者委員会，④株主等委員会，⑤届出があった更生債権等の全部について裁判所が評価した額の10分の1以上に当たる更生債権等を有する更生債権者等，⑥更生会社の総株主の議決権（改正法第17条第2項第2号）の10分の1以上を有する株主の申立てがあった場合には，関係人集会を招集しなければなりません（改正法第114条第1項前段）。更生債権者等の手続関与の機会を広げるために新設された制度であり，民事再生法にも同様の規定があります（民事再生法第114条前段）。

　これらの申立てがない場合であっても，裁判所が相当と認めるときは，関係人集会を招集することができます（改正法第114条第1項後段）。

　なお，更生会社が更生手続開始のときにおいてその財産をもって債務を完済することができない状態にあるときは，株主（前記④⑥）は招集の申立てをすることはできません（改正法第114条第2項）。このような場合に

は，株主は議決権を有さない（改正法第166条第2項）ためです。

2 関係人集会招集の手続

　裁判所は，関係人集会の期日には，①管財人，②更生会社，③届出をした更生債権者等，③株主，④更生会社の事業の更生のために債務を負担しまたは担保を提供する者があるときはその者を，呼び出さなければなりません（改正法第115条第1項）。ただし，届出をした更生債権者等または株主であっても議決権を行使することができない者は，呼び出さないことができます（改正法第115条第2項）。

　呼出しに加え，裁判所は，関係人集会の期日及び会議の目的である事項を公告しなければなりません（改正法第115条第4項）。

　また，関係人集会の期日は，労働組合等（更生会社の使用人の過半数で組織する労働組合があるときはその労働組合，更生会社の使用人の過半数で組織する労働組合がないときは更生会社の使用人の過半数を代表する者。改正法第46条第3項第3号）に通知しなければならないとされています（改正法第115条第3項）。債権者として関係人になるのは労働債権を有する労働者個人であって，組合自体は更生手続上の関係人ではありません。しかし，会社更生の過程においては労働組合が関係を持つことも多くあるため，組合にも通知や情報を提供して，意見を述べる機会を保障するために新設されたものです。

【関係人集会の招集までの手続】

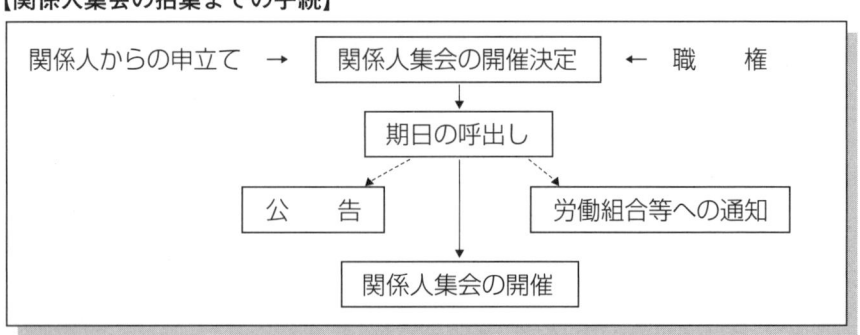

```
関係人からの申立て →  関係人集会の開催決定  ← 職　権
                            ↓
                         期日の呼出し
                       ↙          ↘
                   公　告      労働組合等への通知
                            ↓
                      関係人集会の開催
```

11-2 更生計画案の決議のための関係人集会

Q 更生計画案の決議のための関係人集会は，どのような場合にどのような手続によって招集されますか。

A 更生計画案審理のための関係人集会と決議のための関係人集会が一体化されました。裁判所は，更生計画案の提出があったときは，一定の場合を除き，当該更生計画案を決議に付する旨の決定をし，決議の方法を定めて，関係人に通知あるいは公告をして，関係人集会を招集します。

1 更生計画案審理のための関係人集会と決議のための関係人集会の一体化

更生計画案の提出があったときは，一般調査期間が終了していない場合や，管財人が業務や財産状況等の報告を行っていないとき，更生計画案が認可要件を満たしていないとき，裁判所の定めた期間内に提出された更生計画案が決議に付するに足りないものであるような場合を除き，裁判所は，当該更生計画案を決議に付する旨の決定をします（改正法第189条第1項）。

旧法では，関係人集会は3回開催されることになっていました。第1回関係人集会は，更生会社に関する一定の状況を説明し報告するために開催されます（旧法第187条）。そして，更生計画案の提出があったときには更生計画案審理のために第2回関係人集会を開催し（旧法第192条），審理を経た更生計画案につき修正命令を発しないときは，裁判所は，計画案につき決議をするため期日を定めて関係人集会を招集しなければならないとされていました（旧法第200条）。

しかし，裁判所が相当と認めるときは，関係人集会期日を併合することが認められており（旧法第168条），実務上は，更生計画案の審理のための

第11章 関係人集会

関係人集会と決議をするための関係人集会とを併合して開催される例がほとんどでした。

　更生計画案においては，利害関係人の権利の変更に関する条項だけでなく，更生会社の組織変更などの条項も定められますから，その内容は複雑なものとなります。そこで，議決権者が適切に議決権を行使するためには，更生計画案について，管財人などの更生計画案の提出者から，計画案の内容についての説明を受け，質疑応答をする機会が保障されることが必要であることはいうまでもありません。しかし，更生計画案の審理のための関係人集会と決議のための関係人集会を併合して行っても，これまで特段の支障は生じていなかったことから，改正法は，更生手続の迅速化をはかるために，法の定めにおいて両者を一体化しました。

2　更生計画案決議のための関係人集会招集の手続

　更生計画案を決議に付する旨の決定において，議決権の不統一行使をする場合における裁判所に対する通知の期限を定めなければなりません（改正法第189条第2項前段）。議決権の不統一行使とは，1人の議決権者がその有する議決権の一部だけをもって更生計画案に同意をし，残りの議決権については不同意とするような議決権の行使方法をいい，改正法によって明文で認められたものです（Q11－6参照）。

　また，裁判所は，関係人集会における議決権行使の方法も決定します（改正法第189条第2項後段）。旧法では，議決権の行使は，関係人集会において現実に賛否を表明する方法によってのみ行えましたが，改正法は，関係人集会に出席せずに，事前に更生計画案に対して同意するか否かを記載した書面等を提出することによって議決権行使をすることができるという書面投票制度を設けました（書面投票制度　改正法第189条第2項第3号。Q11－7参照）。さらに，改正法は，更生計画案決議のための関係人集会を開催せずに，更生計画案に対して同意するかどうかを記載した書面等による回答をもって関係人集会の決議に代える書面決議制度も採用していま

す（改正法第189条第2項第2号。Q11－8参照）。そこで，裁判所は，これらの方法のどの方法によって更生計画案の決議を行うのか，その方法を定めなければならないこととなったのです。

　裁判所が更生計画案を決議に付する旨の決定をした場合には，議決権の不統一行使の期限，更生計画案の内容またはその要旨を，管財人，更生会社，届出をした更生債権者等，株主及び更生会社の事業の更生のために債務を負担しまたは担保を提供する者があるときはその者に通知し（改正法第189条第3項），これらの者を関係人集会期日に呼び出します（改正法第115条第1項）。議決権の不統一行使の期限及び関係人集会の期日及び会議の目的である事項は公告事項でもあります（改正法第189条第3項，第115条第4項）。

　なお，基準日（改正法第194条第1項。Q11－4参照）を定めた場合，更生計画案の決議のための関係人集会の期日は，特別の事情がある場合を除き，基準日の翌日から3ヵ月以内としなければなりません（会社更生規則第52条第1項）。

　また，裁判所は，議決権行使の方法として，書面投票制度や書面による決議による方法を認めたときは，その旨を公告し，かつ，議決権者に対して書面投票や書面決議は，裁判所の定める期間内に限って行うことができる旨を通知することも必要です（改正法第189条第4項）。

【更生計画案の決議のための関係人集会の手続】

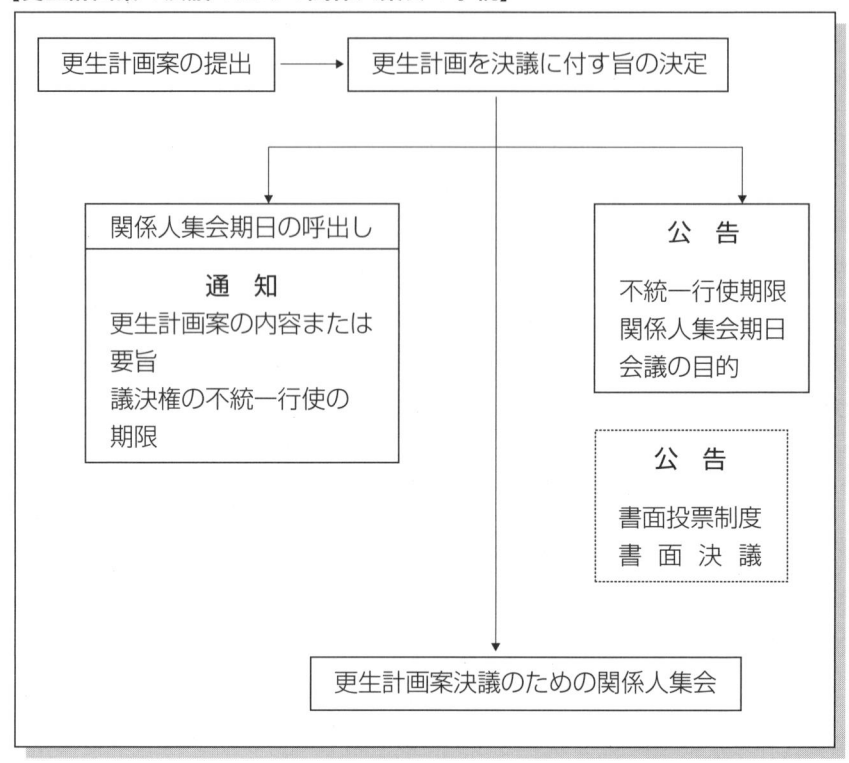

```
更生計画案の提出 → 更生計画を決議に付す旨の決定
                          │
        ┌─────────────────┼─────────────────┐
        ↓                 │                 ↓
┌──────────────────┐      │         ┌──────────────┐
│ 関係人集会期日の呼出し │      │         │   公　告    │
│     通　知       │      │         │ 不統一行使期限 │
│ 更生計画案の内容または │      │         │ 関係人集会期日 │
│ 要旨             │      │         │ 会議の目的    │
│ 議決権の不統一行使の  │      │         └──────────────┘
│ 期限             │      │
└──────────────────┘      │         ┌──────────────┐
                          │         │   公　告    │
                          │         │ 書面投票制度  │
                          │         │ 書面決議     │
                          │         └──────────────┘
                          ↓
           更生計画案決議のための関係人集会
```

11-3 更生債権者等の議決権額の算定

Q 更生債権者等の議決権額の算定で変更された点はありますか。

A 更生債権者は，その債権額に応じて議決権を与えられるのが原則ですが，更生手続開始後に期限が到来する確定期限付無利息債権や非金銭債権，条件付債権などについては，議決権の算定につき特別な規定が設けられています。このことは，旧法も改正法も変わりません。しかし，改正法は，手続開始後に期限が到来する確定期限付無利息債権などの中間利息分の取扱いについて，計算の簡略化をはかっています。

1 更生債権者等の議決権額の算定

　更生債権者等は，その債権額に応じて議決権を与えられるのが原則です（改正法第136条第1項第4号）。しかし，次に掲げる債権については，更生手続開始の時における評価額が議決権額となります（改正法第136条第1項第3号）。
① 更生手続開始後に期限が到来すべき不確定期限付債権で無利息のもの
　保険料払込み済みによる将来の生命保険金請求権などが該当します。
② 金額または存続期間が不確定である定期金債権
　終身年金型の生命保険金請求権などです。
③ 金銭の支払いを目的としない債権
　非金銭債権には債権額という概念がないため，更生手続開始時の評価額によるとされています。
④ 金銭債権で，その額が不確定であるものまたはその額を外国の通貨をもって定めたもの
　金銭債権でその額が不確定な債権としては，将来の一定時期におけ

る利益分配請求権があげられます。
⑤ 条件付債権
停止条件付債権，解除条件付債権ともに対象となります。
⑥ 更生会社に対して行うことがある将来の請求権
保証人連帯債務者または物上保証人が，債権者に対して弁済する場合に備えて，更生会社に対して将来の求償権を届け出る場合が該当します。

これらについては，旧法でも同じ取扱いがなされていました（旧法第113条第2項，第116条〜第118条）。

次の債権については，債権額から中間利息を控除して議決権が決められます。
① 更生手続開始後に期限が到来すべき確定期限付債権で無利息のもの
確定日払いの約束手形金請求権などです。
② 金額及び存続期間が確定している定期金債権
割賦払い債権が代表的なものです。

旧法においても，これらの債権は，更生手続開始の時から期限に至るまでの中間利息を控除するものとされていました（旧法第114条，第115条）。しかし，改正法は，控除すべき中間利息の計算の簡略化をはかっています（改正法第136条第1項第1号・第2号）。

2 中間利息分の取扱いに関する改正

更生手続開始後に期限が到来すべき確定期限付債権で無利息のものは，期限が到来してはじめて元本額の請求が可能となるものですから，期限が未到来の間は，期限までの中間利息を控除した金額の価値しかないと考えられます。そこで，債権額から，更生手続開始時から期限に至るまでの中間利息を控除した額をもって議決権を算定することとされています。

この中間利息の計算は必ずしも容易ではありません。したがって，誤って届け出る更生債権者が少なくないのですが，管財人は，その計算が正確

であるかどうかを確認しなければならず，このことは管財人の事務上の大きな負担となっていました。ところが，管財人が時間と労力を費やして確認作業を行っても，届け出された議決権額との差額は多くの場合少額であって，更生計画案の決議の成否に影響を与えることは稀であるというのが実情でした。とはいえ，期限の到来が更生手続開始の時から数年先である場合にも中間利息相当額を控除しないで議決権を定めたのでは，更生債権者等間の公平を害するおそれがあります。

　そこで，改正法は，中間利息を控除すべき期間は年単位で算定し，1年に満たない端数があるときはこれを切り捨てるものとして，計算の簡略化をはかりました。

　この改正により，中間利息を控除すべき債権の議決権額は，次のように計算することになりました。

① 更生手続開始後に期限が到来すべき確定期限付債権で無利息のもの
　更生手続開始の時から期限に至るまでの期間の年数（その期間に1年に満たない端数があるときは，これを切り捨てる）に応じた債権に対する法定利息を債権額から控除した額

② 金額及び存続期間が確定している定期金債権
　各定期金につき，更生手続開始の時から期限に至るまでの期間の年数（その期間に1年に満たない端数があるときは，これを切り捨てる）に応じた債権に対する法定利息を債権額から控除した額の合計額。

　ただし，その額が法定利率によりその定期金に相当する利息を生ずべき元本額を超えるときは，その元本額が議決権額となります。これは，弁済期間が長期にわたる定期金債権の場合，前記の方法によって計算した金額が本来の各定期金の額を超えることもあるためです。

　同趣旨の規定は，民事再生法にも設けられています（民事再生法第87条第1項第1号・第2号）。

11-4 基準日による議決権者の確定

Q 議決権者を確定させるための制度として，どのようなものが設けられていますか

A 裁判所は，一定の日を定めて，その日における更生債権者表，更生担保権者表または株主名簿に記録されている更生債権者等，または株主を議決権者と定めることができます。この一定の日を基準日といいます。

　裁判所は，基準日の2週間以上前に，基準日を公告しなければなりません。

1 議決権者確定の方法

　更生計画案の決議のための関係人集会の直前に更生債権者等の届出名義が頻繁に変更されると，議決権票の準備や集計などの事務処理に支障をきたしてしまいます。そこで，更生計画案決議のための関係人集会を円滑に進行するため，一定の日を「基準日」と定めて，その日における更生債権者等や株主を議決権者と定めることができるようになりました。

　議決権者を確定する方法としては，一定の期間更生債権者表や株主名簿の記載を変更しないという更生債権者表や株主名簿などの閉鎖による方法と，基準日を定める方法が考えられます。旧法では，更生手続に参加できる株主を定めるために，「2月を超えない期間株主名簿を閉鎖できる」との規定がありました（旧法第130条第2項）。しかし，閉鎖の方法によると，閉鎖期間中は名義書換ができなくなってしまいます。そこで，閉鎖の方法によるとすると，とりわけ更生債権者や更生担保権者の議決権に関しては更生債権の譲受人などに与える不利益が大きく，債権の流動化が阻害されるおそれがあります。これに対し，基準日によるときは，基準日後も届出

名義の書換を行うことができますので，債権の流動化に与える影響が少ないと考えられます。そこで，改正法は，議決権者を確定する方法として，更生債権者・更生担保権者と株主のいずれについても基準日の方法によることにしました。これに伴い，旧法の株主名簿閉鎖に関する条項（旧法第130条第2項・第3項）は廃止されています。

これまでは，更生債権者や更生担保権者については，議決権者を確定するための制度は設けられていませんでした。今後は，再生計画案の集計事務が円滑化することが期待されます。

2 基準日の指定

裁判所は，事案を判断して相当と認めるときは，更生計画案を決議に付する旨の決定と同時に，基準日となる一定の日を定めて，基準日における更生債権者表，更生担保権者表または株主名簿に記録されている更生債権者等または株主を議決権者と定めることができます（改正法第194条第1項）。

裁判所が基準日を指定した場合には，更生債権を譲り受けた者などの名義書換を促すために，基準日の2週間前までに基準日を公告しなければなりません（改正法第194条第2項）。

なお，更生計画案の決議のための関係人集会の期日は，特別の事情がある場合を除き基準日の翌日から3カ月を超えない期間内としなければなりません（会社更生規則第52条第1項）。

3 基準日と書面投票制度・書面決議制度

基準日の制度と書面投票（改正法第189条第2項第3号）または書面決議制度（改正法第189条第2項第2号）を併用した場合には，基準日によって確定された議決権者に対して投票用紙等を送付することが，手続上合理的です。したがって，投票期間や回答期間の始期は，基準日以後の日を定めることになります。現段階で公表されている会社更生規則においては，基

第11章 関係人集会

準日を定めたときの投票や回答の期間は，基準日の翌日から起算して2週間以上3カ月以内とされています（会社更生規則第52条第4項第1号。Q11－7・Q11－8参照）。

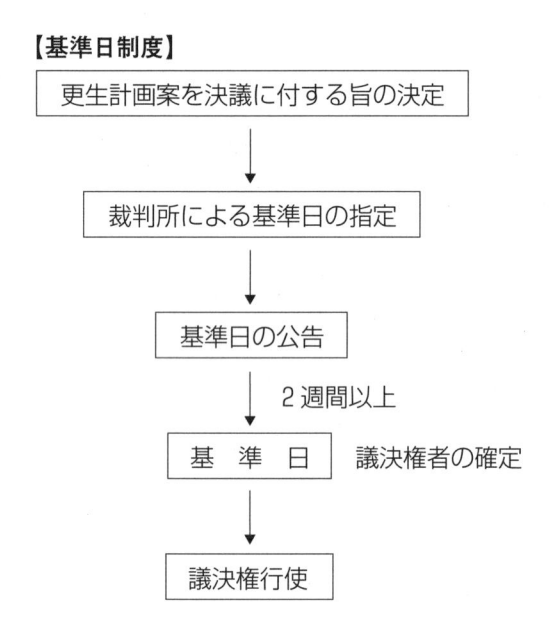

【基準日制度】

更生計画案を決議に付する旨の決定
　↓
裁判所による基準日の指定
　↓
基準日の公告
　↓　2週間以上
基　準　日　　議決権者の確定
　↓
議決権行使

11-5　議決権の額の決定

Q 関係人集会の期日において，更生債権者等の議決権に異議が述べられた場合，異議を述べられた更生債権者等の議決権はどうなりますか。

A 関係人集会の期日において，管財人，届出をした更生債権者等または株主は，届出をした更生債権者等または株主の議決権につき異議を述べることができます。異議を述べられた議決権については，裁判所が，議決権を行使させるかどうか及びいかなる額につき議決権を行使させるかを定めることになります。もっとも，この決定は，利害関係人の申立てまたは職権で，いつでも変更することができます。

1 議決権の額に対する異議

　更生計画案を決議する関係人集会において，更生債権者等や株主の議決権について疑義が生じた場合には，管財人や届出をした更生債権者等または株主は異議を述べることができます（改正法第191条第1項本文，旧法第169条本文）。ただし，更生債権等の調査及び確定の手続によりその額が確定した届出をした更生債権者等の議決権については異議を述べることはできません（改正法第191条第1項但書。旧法第169条但書）。
　したがって，更生債権者等の議決権について異議を述べ得る場合としては，①債権の調査手続において異議が述べられ，調査期間の末日または異議の通知があった日から1カ月以内で，かつ，査定の申立てがなされていないもの，②査定の申立てがなされたが，査定の決定がなされていないもの，③更生債権額または更生担保権の額の確定後に，額の変動があったもの，④手続開始決定後の利息・損害金など，調査期間内に額を決定することができなかったもの，⑤更生債権者表等に誤記があった場合などがあげ

られます。

　株主の議決権については，株主名簿等に記載のある者が真実の株主でないことを主張する場合や，会社に破産原因のあることを理由に株主全体の議決権に対して異議を述べる場合（改正法第166条第2項）などがあげられます。

2 異議を述べられた議決権

　議決権に異議を述べられた議決権者の議決権は，裁判所が，諸般の事情を考慮して，裁量により，議決権の額，株主の場合は数を定めます。議決権を行使させない旨を定めることもできます（改正法第191条第2項第4号）。この裁判所による議決権の決定は，議決権に関する点についてだけであり，異議の対象となった権利の実体的確定とは無関係です。

　そして，この決定に対しては，即時抗告を申し立てることはできません（改正法第9条）。なぜなら，この決定は，異議の対象となった権利の実体的確定とは無関係であって当該更生債権等の存否や額に影響を与えるものではないこと，また，関係人集会において議決権を行使し得る額などは，当該関係人集会において直ちに確定されなくてはならないからです。

　もっとも，裁判所は，利害関係人の申立てによりまたは職権で，いつでもこの決定を変更することができます（改正法191条第3項）。議決権の決定手続や考慮すべき諸般の事情の範囲について特別に制約があるわけではなく，裁判所の裁量によりなされるものであるため，決定後であってもそれを変更するに値する意見や事情が生じた場合には，変更を認めることが相当であるからです。

　議決権を行使し得る額や数は，当該関係人集会において確定されなければなりません。そこで，決定変更を求める申立ては，口頭で行うことができます（会社更生規則第54条第1項）。

　また，裁判所による議決権の決定及び変更の決定は，更生手続を迅速に進めるために設けられた制度であるため，後日，権利が実体的に確定した

ときに，それによれば決定または変更決定によって定められた議決権の額または数と異なることが明らかになっても，すでになされた関係人集会の決議の効力には影響を与えないと解されています。

【議決権に疑義ある場合の議決権額の決定】

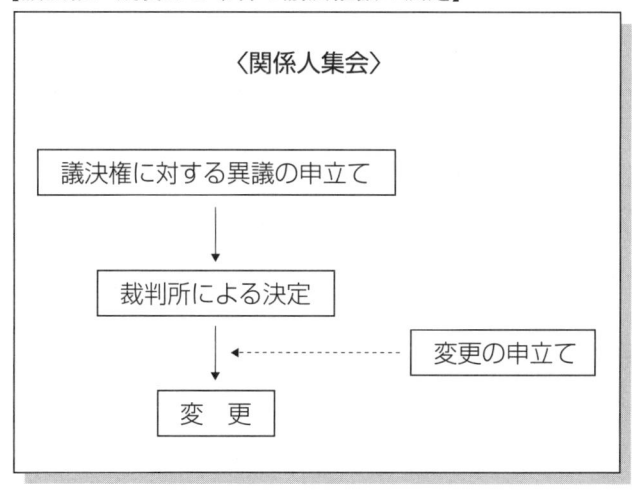

〈関係人集会〉

議決権に対する異議の申立て
↓
裁判所による決定 ← 変更の申立て
↓
変更

11-6 議決権の不統一行使

Q 更生計画案について決議をするための関係人集会において，議決権者がその議決権の一部について賛成し，残りの議決権について反対するということは認められますか。

A 議決権者は，その有する議決権の一部を更生計画案に同意するものとして行使して，残部については不同意とし，または棄権することができます（議決権の不統一行使）。ただし，このような議決権行使をするためには，裁判所が定めた期日までに，裁判所に対して，議決権を統一しないで行使する旨を書面で通知しなければなりません。

代理人が議決権を行使する場合にも，議決権の不統一行使をすることができます。

1 議決権の不統一行使

更生債権者等の議決権の数は，原則としてその有する債権等の額に応じて与えられます（Q11－3参照）。旧法では，1人の議決権者がその有する議決権の一部だけをもって更生計画案に同意をし，残りの議決権については不同意とすることができるかどうかについて，明文の規定がありませんでした。

しかし，議決権者が合併後間もない会社である場合や，サービサー（債権回収会社）である場合には，合併前の会社の意向や，意見の異なる複数の債権回収依頼主の意向を無視できないことがあります。そこで，議決権の一部については賛成し，残りは反対または棄権するというような，議決権の不統一行使を認めるべきではないかという議論が提起されました。

更生計画案の決議において，議決権者は，積極的に更生計画案に同意しない限りは，すべて不同意であるとして取り扱われます（改正法第196条第

5項，旧法第205条)。したがって，会社更生法における議決権の不統一行使の問題は，実質的に見れば，議決権の一部を更生計画に同意するものとして行使することができるかという問題になります。この点，議決権者がその権利の一部を放棄することは自由であるのが原則であることからすれば，議決権という権利の一部を放棄し，議決権を行使しないことも可能であると考えられます。

そこで，改正法は，議決権者は，その有する議決権を統一しないで行使することができる（改正法第193条第2項前段)，つまり，その議決権の一部を更生計画案に同意するものとして行使し，残りの部分については不同意または棄権することができるものとしました。

■2 不統一行使の方法

しかしながら，議決権の不統一行使を無制約に認めると，関係人集会の事務が混乱し，関係人集会の円滑な進行が損なわれるおそれがあります。そこで，議決権の不統一行使をする場合には，関係人集会期日の前に裁判所に対して，書面でその旨を通知しなければなりません（改正法第193条第2項後段)。

裁判所は，更生計画案を決議に付する旨の決定を行うに際し，議決権の不統一行使をする場合における裁判所に対する通知の期限を定め（改正法第189条第2項前段)，この期限を公告，かつ，関係人に通知しなければなりません（改正法第189条第3項)。

なお，改正要綱試案においては，通知の期限は「関係人集会期日の一定期間前」とされていました。この点株主総会においても議決権の不統一行使が認められていますが（商法第239条ノ4)，株主総会の場合は，「株主総会の日の3日前」までに会社に対して書面で通知することを要するとされています（商法第239条ノ4第1項後段)。しかし，このように期限を一律に法定してしまうと，事案の内容に応じた適切な対応が困難になるおそれがあります。そこで，改正法では，裁判所が当該事案の規模などを勘案して，

第11章 関係人集会

個別の事件ごとに期限を定めるものとされました。

3 代理人による議決権の不統一行使

　議決権者は，代理人によって議決権を行使することができます（改正法第193条第1項）。旧法においても，代理人による議決権行使が認められていましたが（旧法第173条），議決権者が代理人をもって議決権を行使する場合に議決権の不統一行使ができるかどうかについては，明確ではありませんでした。そこで，改正法では，議決権者について議決権の不統一行使を認めたことに伴い，代理人についても明文で議決権の不統一行使を認めています（改正法第193条第3項）。

　代理人が委任を受けた議決権（自己の議決権を有するときは，その議決権を含みます）の不統一行使を行う場合にも，議決権者が不統一行使を行う場合と同様，裁判所が定めた期限までに，裁判所に対してその旨を書面で通知しなければなりません（改正法第193条第3項・第2項）。

　なお，代理人の権限は書面で証明することが必要です（会社更生規則第55条）。

【議決権の不統一行使の流れ】

```
更生計画案を決議に付する旨の決定
            ↓
不統一行使をする旨の通知の期限を決定
            ↓
不統一行使をする旨の通知の期限を公告
            ↓
関係人へ，不統一行使をする旨の通知の期限，
更生計画案の内容またはその要旨を通知
            ↓
議決権者から裁判所に対し，期限内に，議決権
を不統一行使する旨を書面にて通知
            ↓
関係人集会において議決権を不統一行使
```

11-7　書面投票制度

Q 議決権者は，更生計画案決議のための関係人集会に出席せずに議決権を行使することができますか。

A 裁判所が具体的な事案を考慮して相当と認める場合には，更生計画案決議のための関係人集会に出席しなくても，裁判所の定める期間内に書面等を提出すれば議決権を行使することができる旨の決定をすることができます（書面投票制度）。このような決定がなされた場合には，議決権者は更生計画案決議のための関係人集会に出席せずに議決権を行使することができます。

1 書面投票制度の新設

　更生計画案の決議にあたっては，関係人が一堂に会し，計画案について相互に意見を交換した上で決議をすることが望ましいのはいうまでもありません。しかし，債権額が小さいのに議決権行使のために債権額以上の交通費をかけないと関係人集会に来られないなど，遠隔地に居住しているために関係人集会に出席することが困難な議決権者が相当数存在するような事案もあります。

　議決権は，代理人による行使もできます（改正法第193条第1項，旧法第173条）が，これまでの実務では，委任状では誰に任せることになるのかわからないので自分で権利行使をしたいとして，賛否の投票を送ってくる者などもありました。

　そこで，改正法は，自ら関係人集会に出席できない議決権者の議決権行使の機会を実質的に保障するために，更生計画案の決議のための関係人集会に出席せずに，事前に更生計画案に対して同意するか否かを記載した書面等を提出することによって議決権を行使できる書面投票制度を設けまし

た（改正法第189条第2項第3号）。

　書面投票を認める決定がなされた場合にも，更生計画案の決議のための関係人集会は開催されます。したがって，議決権者は，関係人集会に出席するか，書面投票によるかを選択することができます（改正法第189条第2項第3号前段）。

　書面投票が認められるのは，裁判所が具体的な事案を考慮して相当と認める場合です。相当と認める場合としては，遠隔地に居住するなどのために関係人集会に出席することが困難な者が相当数存在する場合が想定されています。なお，すべての事案において書面投票制度を認めるべきであるとの考え方もあり得ますが，書面投票制度を認めると，書面投票を行った者と関係人集会に出席した者との照合をしなければならず，裁判所の事務負担が増加しますし，関係人の大多数が近隣に居住している場合などのように，必ずしも書面投票制度を認める必要がない事案も存在することから，裁判所の決定によることとされました。

2　書面投票の方法

　裁判所は，書面投票ができる旨を定めたときは，その旨を公告し，かつ，議決権者に対して，投票は裁判所の定める期間内に限りすることができる旨を通知しなければなりません（改正法第189条第4項）。

　法は，書面等投票を，「書面その他の最高裁判所規則で定める方法のうち裁判所の定めるものによる投票をいう」（改正法第189条第2項第2号）としており，現段階で公表されている会社更生規則においては，最高裁判所規則で定める方法として，①書面，②電磁的方法を掲げています（会社更生規則第52条第2項）。

　また，手続については，会社更生規則では「書面等投票をするには，裁判所の定めるところによらなければならない」としており（会社更生規則第52条第3項）具体的な手続については別途規定が整備される予定です。

　投票用紙の再交付を受けただけで書面投票をなし得る期間は，特別の事

情がある場合を除き，基準日の翌日または基準日を定めなかったときは更生計画案を決議に付する旨の決定の日から起算して2週間以上3カ月以下の範囲内で定めるものとするとされています（会社更生規則（仮称）案Fc1条第6項）。また，書面投票をなし得る期間の末日は，関係人集会の期日より前の日でなければなりません（改正法第189条第2項第3号後段）。

3 書面投票後の変更

　書面投票によって議決権行使をした後に，投票者の意思が変わったり，債権譲渡などによって権利者が変わる場合があります。法制審議会では，このような場合の取扱いにつき，変更による混乱を防止するため一定の規定を設けるという意見も出されていますが，現状では，特別の規定は設けられていません。特に手当てがなされなかった場合には，商法特例法上の書面投票制度における解釈論を参考にした取扱いがなされることになるであろうと考えられています。具体的には，次のような取扱いが考えられます。

　書面投票後に意思が変わった場合，書面投票をなし得る期間内であれば，裁判所から書面投票用紙の再交付を受けて，すでに示した賛否と異なる記載をした書面投票用紙を提出することによって，従前の書面投票用紙による議決権の行使を撤回することができます。

　書面投票の期間が過ぎてしまっても，書面投票をした者が関係人集会に出席した場合には，自ら決議に参加する意思が明らかであるといえますから，書面による議決権行使は撤回したものとみなされます。

　また，権利者が変わった場合には，新たな権利者が届出名義の変更の手続をとり，書面投票をなし得る期間内であれば，裁判所から書面投票用紙の再交付を受けて当該書面投票用紙を提出することによって新たな権利者による書面投票を認め，また，新たな権利者が関係人集会に出席したときは，旧権利者の書面による議決権行使は撤回され，新たな権利者が集会において議決権を行使できるものとされます。この場合，新たな権利者が書面投票をせず，また，関係人集会にも出席しなかったときは，旧権利者の

議決権行使がそのまま有効なものとして取り扱われることになります。これに対しては，新たな権利者が届出名義の変更手続を済ませた時点で，旧権利者の議決権行使は無効とするという考え方も示されています。

【書面投票制度の流れ】

```
更生計画案を決議に付する旨の決定
            ↓
書面投票を認めることの決定（議決権行使の方法の決定）
            ↓       ※議決権者は，関係人集会で議決権を行使する
                     か，書面投票を行うかを選択できる。
書面投票を認める決定の公告
            ↓
関係人へ更生計画案の内容またはその要旨を通知

議決権者に対する通知
 （議決権行使期間の通知・議決権行使書の送付・電磁的
  方法による議決権行使をするのに必要な事項の通知）
            ↓
議決権行使期間内に，定められた方法により書面投票
            ↓
関係人集会で議決権を行使
```

11-8 書面による決議

Q 更生計画案決議のための関係人集会を開催せずに、議決権者が議決権を行使する方法がありますか。

A 裁判所が具体的な事案を考慮して相当と認める場合には、関係人集会を開催せずに、更生計画案に対して同意するかどうかを記載した書面等による回答をもって関係人集会の決議に代える決定をすることができます（書面決議制度）。ただし、関係人集会招集の申立権者から、更生計画案の決議をするための関係人集会の招集の申立てがあったときは、書面による決議の決定は取り消され、関係人集会（または書面投票制度）によることになります。

1 書面による決議制度の新設

従来の会社更生手続では、更生計画案は、必ず関係人集会を開催し、そこで決議をするという方法がとられていました。関係人集会で関係人が議論をし、その議論を聞いた上で投票をする方が、更生計画案に対する正しい判断をなし得るともいえるでしょう。

しかし、大規模な株式会社を利用対象として想定する更生手続においては、著しく多数の利害関係人が存在するため関係人集会を開催すること自体が困難である場合や、関係人集会を開催しても会議体として合理的に機能しない場合が考えられます。そこで、改正法は、裁判所は、書面等による投票によって裁判所の定める期間内に議決権を行使する方法によって更生計画案を決議に付す旨の決定をすることができるという規定を新設しました（改正法第189条第2項第2号）。この方法によるときは、関係人集会を開催しないで更生計画案の決議をすることができます。関係人集会を開催しないという点で、関係人集会を開催するが書面による投票も認めるとい

う書面投票制度とは異なった制度です。

　書面決議を認めるかどうかは，裁判所が具体的な事案を考慮して決定をします。ただし，関係人集会の招集を申し立てることができる者（改正法第114条第1項）が，書面による決議をなし得る期間内に更生計画案の決議をするための関係人集会の招集の申立てをしたときは，裁判所は，書面による決議の決定を取り消して，関係人集会の期日において議決権を行使する方法によるか，関係人集会と併せて書面投票による方法も認めるかを定めなければなりません（改正法第189条第5項）。

2 書面による決議の方法

　裁判所は，書面決議によることを定めたときは，その旨を公告し，かつ，議決権者に対して，投票は裁判所の定める期間内に限りすることができる旨を通知しなければなりません（改正法第189条第4項）。

　法は，書面等投票を，「書面その他の最高裁判所規則で定める方法のうち裁判所の定めるものによる投票をいう。」（改正法第189条第2項第2号）としており，現段階で公表されている会社更生規則においては，最高裁判所規則で定める方法として，①書面，②電磁的方法を掲げ（会社更生規則第52条第2項），また，手続については，会社更生規則では「書面等投票をするには裁判所の定めるところによらなければならない」としており（会社更生規則第52条第3項）具体的な手続については別途規定が整備される予定です。

　書面による決議をなし得る期間は，特別の事情がある場合を除き，基準日の翌日または基準日を定めなかったときは，更生計画案を決議に付する旨の決定の日から起算して2週間以上3カ月以下の範囲内で定めるものとするとされています（会社更生規則第52条条第4項）。

3 書面投票制度との関係

　書面決議は，民事再生法ではすでに採用されています（民事再生法第172

第11章 関係人集会

【書面決議の流れ】

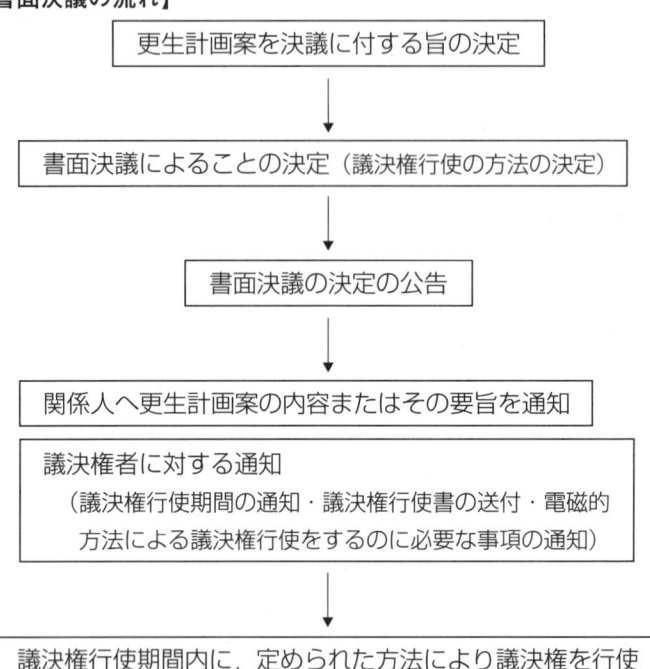

```
┌─────────────────────────────────┐
│   更生計画案を決議に付する旨の決定    │
└─────────────────────────────────┘
              ↓
┌─────────────────────────────────────────┐
│ 書面決議によることの決定（議決権行使の方法の決定）  │
└─────────────────────────────────────────┘
              ↓
┌─────────────────────────────────┐
│        書面決議の決定の公告          │
└─────────────────────────────────┘
              ↓
┌─────────────────────────────────────────┐
│   関係人へ更生計画案の内容またはその要旨を通知   │
└─────────────────────────────────────────┘
┌─────────────────────────────────────────┐
│ 議決権者に対する通知                          │
│ （議決権行使期間の通知・議決権行使書の送付・電磁的 │
│  方法による議決権行使をするのに必要な事項の通知） │
└─────────────────────────────────────────┘
              ↓
┌─────────────────────────────────────────┐
│ 議決権行使期間内に，定められた方法により議決権を行使 │
└─────────────────────────────────────────┘
```

条）が，法制審議会では，会社更生法で書面投票制度を創設するのであれば，書面決議制度を新たに設ける必要はないのではないかという意見も出されました。しかし，書面投票制度は，遠隔地に居住するなどのために関係人集会に出席することが困難な者が相当数存在する場合を想定しているのに対し，書面決議制度は，関係人が著しく多数で関係人集会を開催できないような場合を想定した規定で，両者は想定している状況が異なります。そこで，両制度を併存させることが決定されました（法制審議会倒産法部会第 6 回審議録）。

　関係人集会が開催される場合には，続行期日の制度がありますので，関係人を説得して続行期日に臨んだり，更生計画の変更をすることも可能ですが，書面による決議の場合にはその書面の提出 1 回だけで結論が出てし

まうことになります。裁判所は，このような特徴を具体的な事案に当てはめて書面決議の決定をすることになりますが，民事再生法に比べてさらに多くの利害関係人を抱えることが予想される更生手続においては，書面決議制度の活用が期待されるところです。

11-9 更生計画案の可決要件

Q 更生計画案が可決されるためには，どのような要件をクリアする必要がありますか。

A 利害関係人が有している権利の種類ごとに，一定数の同意を得ることが必要です。更生手続の迅速化をはかるため，更生計画案の可決要件が緩和されました。関係人集会において更生計画案を可決するに至らなかった場合に関係人集会の期日が続行されるための要件も，緩和されています。

1 更生計画案決議の方法

　更生計画案の決議は，有している権利の種類ごとに分かれて行います。権利の種類としては，①更生担保権，②一般の先取特権その他一般の優先権がある更生債権，③②以外の更生債権，④残余財産の分配に関し優先的内容を有する種類の株式，⑤④以外の株式，とされています（改正法第168条第1項）。

　もっとも，裁判所が相当と認めるときは，これらの種類の権利を一の種類の権利とし，または一の種類として上げられている権利を二以上の種類の権利とすることができ（改正法第196条第2項本文），この場合は，それによって定められた種類の権利を有する者に分かれて決議をします（改正法第196条第1項，第2項本文）。ただし，その場合も，更生債権，更生担保権，株式は，それぞれ別の種類の権利としなければならず，例えば，更生債権と更生担保権を併せることはできないとされています（改正法第196条第2項但書）。

　したがって，更生計画案の決議は，少なくとも，更生債権者，更生担保権者，株主の各組に分かれて行うことになります。

2 更生計画案可決の要件

更生計画案が可決されるための要件は，権利の種類によって異なり，権利の種類ごとに，次の区分に応じて，それぞれに定める者の同意が必要になります（改正法第196条第5項）。

① 更生債権

議決権を行使することができる更生債権者の議決権の総額の2分の1を超える議決権を有する者

② 更生担保権

・更生担保権の期限の猶予の定めをする更生計画案
議決権を行使することができる更生担保権者の議決権の総額の3分の2以上に当たる議決権を有する者

・更生担保権の減免の定めその他期限の猶予以外の方法により更生担保権者の権利に影響を及ぼす定めをする更生計画案
議決権を行使することができる更生担保権者の議決権の総額の4分の3以上に当たる議決権を有する者

・更生会社の事業の全部の廃止を内容とする（清算的）更生計画案
議決権を行使することができる更生担保権者の10分の9以上に当たる議決権を有する者

③ 株式

議決権を行使することができる株主の議決権の総数の過半数に当たる議決権を有する者

旧法では，①更生債権者の組については議決権総額の3分の2以上，②更生担保権者の組において，（ⅰ）更生担保権の期限の猶予の定めをする計画案については議決権総額の4分の3以上，（ⅱ）更生担保権の減免その他期限の猶予以外の方法によりその権利に影響を及ぼす定めをする計画案については，議決権総額の5分の4以上，（ⅲ）更生会社の事業の全部の廃止を内容とする更生計画案については更生担保権者全員，③株主の組においては株主の議決権総数の過半数，の各同意が必要とされていました

（旧法第205条）。しかし，この可決要件は極めて厳格であるため，管財人が利害関係人から同意を取り付けるために過大な労力と時間などを要し，その結果，更生手続の遅滞を招いているといわれており，可決要件の緩和は大きな検討課題でした。

　この点，改正要綱試案の段階では，更生担保権者の組における更生担保権の減免等の定めをする更生計画案の可決要件及び清算的更生計画案の可決要件としては，5分の4とする案も併記されており，さらに検討を加えるものとされていました。そして，検討の過程では，この併記案のほか，減免の場合も3分の2にするなどもっと緩和した方がよいとの意見や，清算的更生計画案の場合は，やはり全員の同意とすべきであるという意見など，さまざまな意見が出されています。

　しかし，管財人の説明のための労力と時間とを節減して更生手続の迅速化をはかりながら，かつ利害関係人の意思を的確に決議に反映させるという観点からは，更生担保権の減免等期限の猶予以外の方法で更生担保権に影響を及ぼす定めをする更生計画案の場合も，可決要件を緩和して4分の3とすることが妥当であるとされました。

　また，清算的更生計画案については，再建型の倒産手続である更生手続において清算的更生計画案が認められているのは，更生手続を終了して新たに清算手続を一から始めることによる無駄を省くという要請に基づくものに過ぎません。したがって，更生手続のまま清算を実施する場合であっても清算手続が行われた場合と同様の利害関係人の権利保護がはかられるべきでありますし，過去の改正経緯からしても（昭和42年の改正において，他の可決要件は緩和されたにもかかわらず，清算的更生計画案だけは全員の同意という要件が維持されました），一気に5分の4まで緩和することは更生担保権者の保護に欠けることになってしまいます。しかし，一方で，更生担保権者の一部が行方不明になった場合や，少額の更生担保権者の不合理な議決権行使がなされた場合などに対処する必要もあることから，更生担保権者の権利保護をはかりつつ更生手続の円滑な処理に対処し得る範囲で

可決要件を緩和することとして，10分の9以上の同意を要するものと改正されました。

3 関係人集会の期日の続行

　関係人集会において更生計画案が可決するに至らなかった場合には，原則として更生手続は廃止されることになりますが（改正法第236条第3号），再度決議に付して可決する機会を与えるため，関係人集会期日の続行が認められています（改正法第198条）。しかし，1度決議に付しても可決するに至らなかった場合であるため，期日の続行は，多くの利害関係人が続行を希望する場合に限定されています。更生計画案の可決要件の緩和に伴い，この期日の続行に関する利害関係人の同意要件も緩和されました。

　裁判所は，期日の続行につき前述した種類の権利ごとの区分に応じて一定数の者の同意があったときは，管財人，更生会社もしくは議決権者の申立てによりまたは職権で，続行期日を定めて言い渡さなければなりません（改正法第198条第1項本文）。ただし，続行期日においてその更生計画案が可決される見込みがないことが明らかである場合は，続行期日を指定する必要はありません（改正法第198条第1項但書）。管財人，更生会社もしくは議決権者による期日続行の申立ては口頭ですることができます（会社更生規則第54条第2項）。

　期日続行についての同意の要件は，次のとおりです。

① 更生債権

　　議決権を行使することができる更生債権者の議決権の総額の3分の1以上に当たる議決権を有する者

② 更生担保権

　　議決権を行使することができる更生債権者の議決権の総額の2分の1を超える議決権を有する者

③ 株式

　　議決権を行使することができる株主の議決権の総数の3分の1以上

に当たる議決権を有する者

　ちなみに，旧法における同意の要件は，更生債権者の組においては過半数，更生担保権者の組においては3分の2以上，株主の組においては3分

【更生計画の可決要件】

		改正法	旧法
更生債権		議決権総額の2分の1を超える議決権を有する者の同意	議決権総額の3分の2以上に当たる議決権を有する者の同意
更生担保権	期限の猶予の定めをする更生計画案	議決権総額の3分の2以上に当たる議決権を有する者の同意	議決権総額の4分の3以上に当たる議決権を有する者の同意
	更生担保権の減免等の定めをする更生計画案	議決権総額の4分の3以上に当たる議決権を有する者の同意	議決権総額の5分の4以上に当たる議決権を有する者の同意
	清算的更生計画案	更生担保権者の10分の9以上に当たる議決権を有する者の同意	更生担保権者の全員の同意
株式		議決権総数の過半数に当たる議決権を有する者の同意	議決権総数の過半数に当たる議決権を有する者の同意

【期日続行の同意】

	改正法	旧法
更生債権	議決権総額の3分の1以上に当たる議決権を有する者	議決権総額の過半数に当たる議決権を有する者
更生担保権	議決権総額の2分の1を超える議決権を有する者	議決権総額の3分の2以上に当たる議決権を有する者
株式	議決権総数の3分の1以上に当たる議決権を有する者	議決権総数の3分の1以上に当たる議決権を有する者

の1以上とされていました（旧法第206条）。

　なお，期日が続行される場合でも，更生計画案の決議が不当に遷延されるのを防止するため，当該更生計画案が決議に付された最初の関係人集会の期日から2カ月以内に決議されなければならないとされています（改正法第198条第2項，旧法第207条第1項）。裁判所は，必要があると認めるときは，更生計画案の提出者の申立てによりまたは職権で，この期間を延ばすこともできますが，延ばす期間は1カ月を超えることはできません（改正法第198条第3項，旧法第207条第2項）。更生計画案の提出者による延長申立ては，口頭で行うことができます（会社更生規則第54条第2項）。

11-10 更生計画認可の決定に対する株主の即時抗告権

Q 更生計画認可決定または不認可決定に不服のある株主は、即時抗告をすることができますか。

A 株主は、更生手続に利害関係を有する者として、更生計画認可決定または不認可決定に不服があるときは、即時抗告をすることができます。ただし、改正法では、更生会社が更生手続開始のときにおいて債務超過であるときには、更生計画の内容が株主間で平等でないことを理由とする場合を除き、株主は、更生計画認可決定に対して即時抗告をすることができないとされました。

1 更生計画認可決定または不認可決定に対する即時抗告

　更生手続に関する裁判に対する不服申立ては、会社更生法に特別の規定がある場合に限り、即時抗告によってこれを行うことができます（改正法第9条、旧法第11条）。更生計画の認可あるいは不認可の決定は、関係人集会または書面による更生計画決議に対する裁判であり、更生計画という更生手続の中核となるものに法的効力を与えるかどうかに関する重要な裁判であることから、法は、更生計画認可決定または不認可決定に対する即時抗告を認めました（改正法第202条、旧法第237条）。

　更生計画認可決定または不認可決定に対して即時抗告ができるのは、この決定に対して利害関係を有する者とされています（改正法第9条）。更生計画の効力は株主に及びますから（改正法第203条第1項第2号）、株主は、更生計画認可決定または不認可決定に利害関係を有し、即時抗告権を有しています。

　即時抗告権を有する株主は、更生手続に参加できる株主（改正法第165条第2項・第3項）です。議決権を有さない者でも株主であることを疎明すれば即時抗告をすることができます（改正法第202条第3項）。

2 更生会社が更生手続開始のときに債務超過であるときの株主の即時抗告権

　このように，株主は，更生計画認可決定または不認可決定に対して即時抗告権を有し，議決権を有さない株主であっても，株主であることを疎明すれば即時抗告をすることができるとされています。

　しかし，改正法は，株主が議決権を有さない場合の一つである更生会社が債務超過である場合の株主（改正法第166条第2項）については，即時抗告権に制限を設けました。すなわち，更生会社が更生手続開始の時においてその財産をもって債務を完済することができない状態にある場合には，株主は，原則として即時抗告をすることができないとしているのです（改正法第202条第2項）。

　改正法がこのような規定を設けたのは，次の理由によります。

　確かに，株主は更生計画の効力を受けますから，更生計画の認可決定，不認可決定に利害関係を有しています。しかし，更生会社が債務超過である場合には，株主の権利は実質的には無価値になっています。そこで，更生会社が債務超過である場合の株主には，議決権も認められておらず（改正法第166条第2項，旧法第129条第3項），また，このような更生会社の更生計画においては，株式はすべて無償消却されるのが通常です。

　ところが，これまでの更生手続実務を見ますと，更生計画により株式が無償消却されることによって株主の地位を失うことに不満を抱いた株主が，濫用的な即時抗告をする例がありました。

　そこで，改正法は，債務超過の更生会社において更生計画認可決定に対して濫用的な即時抗告が行われることを防止し，また，更生会社が債務超過である場合には株主の権利が実質的には無価値になっているため，更生計画認可決定，不認可決定に対する即時抗告権を認める必要性が低いと考えられることから，更生会社が債務超過である場合株主は，原則として即時抗告をすることができないものとしました。

第11章　関係人集会　233

【更生計画認可決定・不認可決定に対する株主の即時抗告権】

即時抗告権有	① 更生会社が更生手続開始の時に債務超過でないとき ② 更生会社が更生手続開始の時に債務超過であっても，更生計画の内容が，次の分類により同一の権利を有する者の間で不平等なものであるとき 　　ⅰ）残余財産の分配に関し優先的内容を有する種類の株式 　　ⅱ）ⅰ）以外の株式
即時抗告権無	更生会社が更生手続開始の時に債務超過であるとき（上記②の場合を除く）

3 更生計画の内容が不平等であるとき

　もっとも，債務超過の場合であっても，更生計画の内容が同一の種類の株主間の平等（改正法第168条第1項第4号・第5号）に違反することを理由とする場合には，例外的に株主の即時抗告権が認められています（改正法第202条第2項）。

　更生計画の内容は，同一の種類の権利を有する者の間ではそれぞれ平等でなければならないとされています（改正法第168条第1項）。このことは，更生会社が債務超過である場合でも同様です。

　ところが，例えば，一部の株主の株式だけを消却するというような株主間の平等に反する更生計画が認可された場合にも，更生会社が債務超過であるからという理由で更生計画認可決定に対する株主の即時抗告を一切許さないとすると，一部株主の権利が害され，平等原則に反してしまいます。そして，このような場合の不服申立ては，即時抗告権の濫用とはいえません。

　そこで改正法は，更生会社が債務超過である場合には，原則として更生計画認可決定に対する株主の即時抗告権を認めないとしながらも，更生計画の内容が株主間で平等でないことを理由とする場合には，例外的に株主の即時抗告権を認めるものとしました。

第12章

更生計画認可後の手続及び更生手続廃止後の手続

12-1 更生手続の終結時期

Q 更生手続が終結するのはいつですか。

A ①更生計画が遂行されたとき、②更生計画の定めによって認められた金銭債権の総額の3分の2以上の額の弁済がされたときにおいて当該更生計画に不履行が生じていない場合、③更生計画が遂行されることが確実であると認められる場合で、裁判所が更生手続終結の決定をしたとき、に更生手続は終結します。

1 旧法下における更生手続終結時期及び改正経緯

　旧法下では、更生手続は、「更生計画が遂行されたとき」、または「更生計画が遂行されることが確実であると認めるに至ったとき」に裁判所が更生手続終結の決定をして終結していました（旧法第272条第1項本文）。
　更生手続の実務においては、更生計画の遂行の確実性について慎重な判断が求められるため、更生計画が完全に遂行されるか、更生計画に定められた最終の弁済期限の直前に至るまで、終結がなされないことも少なくありませんでした。しかし、更生手続が終結していない場合、そのような会社であることを理由に銀行口座の新規開設に応じてもらえない等、更生会社であることが取引上不利に働き、更生の支障になることも多々ありました。そこで、更生を成功させるため更生手続の終結時期の早期化をはかるべきであるとの指摘がなされていました。
　その一方で、更生計画の遂行を担保する必要から、更生計画認可後も手続は継続すべきとの意見もありました。
　これら、両者の意見を踏まえ、旧法の終結要件を維持しつつ、更生手続の円滑な運用にも配慮し、下記のとおり、終結要件を追加しました。

2 改正点

(1)「更生計画の定めによって認められた金銭債権の総額の3分の2以上の額の弁済がされた時において、当該更生計画に不履行が生じていない場合」であれば、更生計画遂行が確実である蓋然性は高いと考えられます。そこで、その場合も、旧法の2つの要件に加えて終結手続ができる旨定めました（改正法第239条第1項第2号本文）。

(2) ただし、更生計画の定めによって認められた金銭債権の総額の3分の2以上の額の弁済がされ、かつ当該更生計画に不履行が生じていない場合に更生計画の遂行が確実になされるというのは、あくまで、更生計画遂行が確実である可能性が高いということにすぎません。そうであれば、上記要件が満たされる場合であっても以後の更生計画に不安があるような場合には更生手続を終結するわけにはいきません。そこで、このような不都合を避けるため、改正法は、「裁判所が、当該更生計画が遂行されないおそれがあると認めたとき」は、上記要件が満たされても終結することはできないと定めました（改正法第239条第1項第2号但書）。

3 改正法の実務への影響

上記改正法第239条第1項第2号が設けられたことにより、更生手続の終結時期の早期化がはかられると考えられます。その結果、会社の更生が円滑に進むことが期待されています。

【更生手続終結要件】

1. 更生計画が遂行された場合

2. 更生計画の定めによって認められた金銭債権の総額の3分の2以上の額の弁済がされたときにおいて当該更生計画に不履行が生じていない場合
　　ただし，裁判所が，当該更生計画が遂行されないおそれがあると認めたときは，終結できない

3. 更生計画が遂行されることが確実であると認められる場合

12-2 更生手続終了後の査定の手続及び異議の訴えに係る訴訟手続の帰趨

Q 再生手続が終了したときに,更生債権等についての査定の手続または異議の訴えが裁判所に係属しているときは,それらの手続はどうなりますか。

また,役員の責任等の査定の手続が裁判所に係属しているときは,それらの手続はどうなりますか。

A 更生債権等についての査定の手続は,更生計画認可の決定前に更生手続が終了したときは当然終了しますが,更生計画認可の決定後に更生手続が終了したときは引き続き係属します。

管財人が当事者となっている異議訴訟は,更生手続が終了したときに中断し,更生会社がこれを受継します。管財人が当事者でない場合で更生計画認可の決定前に更生手続が終了したときは,異議訴訟は当然に終了するのが原則ですが,例外があります。更生計画認可の決定後に更生手続が終了したときは,異議訴訟は引き続き係属します。

役員の責任等の査定の手続が裁判所に係属している場合は,更生手続が終了した場合には,当然に終了します。

しかし,査定に関する異議の訴えに係る訴訟手続が係属している場合には,中断し,更生会社が受継します。

1 旧法下における更生手続終了後の査定の手続及び更生手続終了後の異議訴訟

旧法は,更生手続終了後の査定の手続及び更生手続終了後の異議訴訟の帰趨につき何らの規定もおかず,取扱いが定かではありませんでした。そこで,改正法においては,明文の規定をおき,取扱いの明確化がはかられました(改正法第163条,第100条第5項)。

2 更生手続終了後の査定の手続

　会社更生法における査定の手続としては，①取締役等の責任に基づく損害賠償請求権の査定（改正法第100条第1項）と今回の改正で新設された②更生債権または更生担保権の査定（改正法第151条）があります。

　どちらも，更生手続の迅速化のため，会社更生法で特に認められた手続ですから，①の場合，及び②の場合で更生計画認可の決定前に更生手続が終了した場合は，更生手続が終了すると当然に終了します（改正法第100条第5項，第163条第1項前段）。

　ただし，②の場合で更生計画認可の決定後に更生手続が終了した場合は，引き続き係属することになります（改正法第163条第1項後段）。このうち管財人を当事者とする場合には，改正法第52条第4項及び第5項が準用され，更生手続が終了したときに査定手続は中断し，更生会社が査定手続を受け継ぐことになります（改正法第163条第2項）。

3 更生手続終了後の異議訴訟

1）異議訴訟の種類

　会社更生法における異議訴訟には，①'取締役等の責任に基づく損害賠償請求権の査定の裁判に対する異議訴訟と②'更生債権または更生担保権の査定の裁判に対する異議訴訟があります。

2）①'の場合

　この場合，すべて管財人が当事者となりますが，管財人が査定手続を利用せず，取締役等に対し損害賠償請求訴訟を提起した場合，更生手続が終了しても訴訟は当然には終了しません。

　これとの均衡をはかるため，更生手続が終了したときは中断し，更生会社が受け継がなければならないものとしました（改正法第52条第4項・第5項）。

3）②'の場合

　この場合は，ⓐ管財人が当事者となっている場合とⓑ更生債権者等が当

事者になっている場合があります。

　ⓐの場合は，管財人が更生会社の管理処分権を有していること（改正法第72条第1項）を考慮し，更生手続が終了したときは中断し，更生会社が受継することにしました（改正法第163条第4項後段，第52条第4項・第5項）。

　ⓑの場合は，更生計画認可決定前に更生手続が終了した場合には，更生債権者及び更生担保権者にその権利の確定を求める利益（改正法第205条第2項）がないことから，訴訟を遂行させる必要がなく，当然に終了します（改正法第163条第4項前段）。

　ただし，更生計画認可決定後に更生手続が終了した場合，更生債権者等は，更生計画に基づく弁済を受ける前提として，その権利の確定を求める利益があると解されるため，訴訟は引き続き係属します（同条項後段）。

　なお，更生手続開始当時に係属していた訴訟を更生債権者等が受継した場合（改正法第156条第1項または第158条第2項）には，更生手続開始前から更生会社に訴訟が継続していた状態にあったことに配慮する必要があります。そこで，更生計画認可の決定前に更生手続が終了したときは中断し，これを更生会社において受継しなければならないものとし（改正法第163条第5項前段，第6項，第52条第5項），更生計画認可の決定後に更生手続が終了したときは中断しないものとしました（改正法第163条第5項後段）。

【更生手続終了後の査定手続及び異議訴訟の帰趨】

```
1．査定手続
  ①　取締役等の責任に基づく損害賠償請求権の査定　→　当然終了
  ②　更生債権または更生担保権の査定
         ┌更生計画認可決定前に更生手続終了　→　当然終了
         └　　〃　　　　　後に　　〃　　　→　引き続き係属
2．異議訴訟
  ①'　取締役等の責任に基づく損害賠償請求権の査定の裁判に対する異議
       訴訟　→　更生会社が受継
  ②'　更生債権または更生担保権の査定の裁判に対する異議訴訟
       ⓐ管財人が当事者である場合　→　更生会社が受継
       ⓑ更生債権者等が当事者である場合
         ・原則　→　終了
         ・更生計画認可決定後に更生手続が終了した場合
                   →　引き続き係属
         ・更生手続当時に係属していた訴訟を更生債権者等
          が受継した場合
            ┌更生計画認可決定前に更生手続終了　→　更生会社が受継
            └　　〃　　　　　後に　　〃　　　→　引き続き係属
```

第12章　更生計画認可後の手続及び更生手続廃止後の手続　　243

12-3 更生手続終了後職権破産宣告までの間の財産保全

Q 更生手続開始の申立てが棄却されました。裁判所の職権で破産宣告がなされるまでの間，会社の財産はどのように保全されますか。

A ①「破産宣告前の株式会社につき更生手続開始の申立ての棄却の決定があった場合」，②「破産宣告前の更生会社につき更生手続廃止または更生計画不認可の決定が確定した場合」，③「破産宣告後の更生会社につき更生計画認可の決定により破産手続きが効力を失った後に，更生計画が遂行される見込みがないことが明らかとなったため，裁判所が更生手続の廃止の決定をし，その決定が確定した場合」に，裁判所は，必要があると認めるときは，仮差押，仮処分，その他の必要な保全処分を命じることにより，会社の財産を保全することができます。

1 更生手続終了後職権破産宣告までの間の財産保全の必要性

裁判所は，破産宣告を受けていない株式会社について，更生手続開始の申立ての棄却決定，更生手続開始決定の取消決定，更生手続不認可決定及び更生手続廃止決定が確定した場合において，当該株式会社に破産原因となる事実があると認めるときは，職権で破産宣告をすることができます（改正法第11条第1項本文，旧法第23条第1項本文）。

また，破産宣告を受けた後の更生会社について更生計画認可後の廃止決定（改正法第241条，旧法第277条）が確定した場合には，職権で破産宣告をしなければなりません（改正法第11条第3項前段，旧法第26条第1項）。

このように更生手続終了後に破産宣告がなされる場合，更生手続終了時から破産宣告によって更生会社の財産の管理処分権が破産管財人に専属するまでの間（破産法第7条），管理処分権は更生会社に復帰することになります。

その場合，更生会社の財産の散逸を防ぎ，これを破産管財人に円滑に引き継ぐため，この間の更生会社の財産について，制度的に保全する必要がありました。

そこで，今回の改正で，更生手続終了後破産宣告までの間について会社財産を保全する手続を設けました。

2 改正点

1）裁判所の職権で保全処分ができる場合

下記の①から③の場合に，裁判所は，必要と認めるときは，職権で，仮差押，仮処分，その他の必要な保全処分を命じることにより，会社財産を保全することができます（改正法第12条第1項）。

① 破産宣告前の株式会社につき更生手続開始の申立ての棄却の決定があった場合
② 破産宣告前の更生会社につき更生手続廃止または更生計画不認可の決定が確定した場合
③ 破産宣告後の更生会社につき更生計画認可の決定により破産手続きが効力を失った後に，更生計画が遂行される見込みがないことが明らかとなったため，裁判所が更生手続の廃止の決定をし，その決定が確定した場合

2）更生手続開始申立て棄却決定を取り消す決定がなされた場合

改正法第12条第1項によると，上記①の場合，更生手続開始申立て棄却決定がいまだ確定していない段階でも保全処分が認められることがあり得ます。

しかし，この場合，保全処分の後に更生手続開始申立て棄却決定が取り消される可能性があります。

その場合，保全処分を維持するべきではありませんから更生手続開始申立て棄却決定を取り消す決定があったときは，その効力は当然に失効することにしました（改正法第12条第3項）。

第12章　更生計画認可後の手続及び更生手続廃止後の手続

3）保全処分の取消し

前記①から③のうち，破産宣告を受けていない更生会社に関しては，職権で破産宣告をするか否かはもっぱら裁判所の裁量に委ねられていますから（改正法第11条第1項本文，旧法第23条第1項本文），保全処分を発したあと，最終的には破産宣告をしないこともあり得ます。

この場合，保全処分を維持する理由は失われますから，必ず保全処分の取消しを行うことになっています（改正法第12条第2項）。

4）保全処分取消決定に対する不服申立て

破産宣告をしないことについては，不服申立ては認められていません（改正法第9条）。そこで，保全処分の取消しについても不服申立てを許さないものとしています（改正法第12条第4項）。

【更生手続終了後破産宣告前に保全処分ができる場合】

> ① 破産宣告前の株式会社につき更生手続開始の申立ての棄却の決定があった場合
> ② 破産宣告前の更生会社につき更生手続廃止または更生計画不認可の決定が確定した場合
> ③ 破産宣告後の更生会社につき更生計画認可の決定により破産手続が効力を失った後に，更生計画が遂行される見込みがないことが明らかとなったため，裁判所が更生手続の廃止の決定をし，その決定が確定した場合

12-4 更生手続開始前の牽連破産の場合における共益債権の財団債権化

Q 更生手続開始の申立てが棄却され，裁判所の職権で破産宣告がなされました。更生手続が開始されれば共益債権となるはずであった債権は，破産手続上どのように取り扱われますか。

A 破産手続上は，財団債権となります。

1 旧法下での牽連破産時における共益債権の破産手続上の取扱いと改正経緯

(1) 牽連破産とは，破産宣告を受けていない更生会社について更生手続開始申立て棄却決定が確定した場合，更生手続開始決定に対する即時抗告があった場合において更生手続開始決定を取り消す決定が確定した場合，更生計画不認可決定が確定した場合及び更生手続廃止決定が確定した場合において，更生会社に破産の原因たる事実があると認めるときに裁判所が職権でなす破産宣告のことをいいます。

牽連破産についての旧法下の通説的見解は，旧法第23条第1項は更生手続開始の決定がなされたことを前提としており，更生手続開始の決定が一度もなされることなく更生手続開始の申立ての棄却決定が確定した場合には，職権で破産宣告をすることはできないと解していました。

また，旧法では牽連破産の宣告があった場合，共益債権は財団債権とすると定めていましたが（旧法第24条），更生手続開始の決定が一度もされることなく更生手続開始の申立ての棄却決定が確定した場合には，同条の適用がないと解していました。

(2) しかし，更生手続開始の決定がされることなく更生手続開始の申立ての棄却決定が確定した場合でも，職権で破産をする必要のある事案はあ

第12章 更生計画認可後の手続及び更生手続廃止後の手続　247

り得ますし，更生手続の開始の申立て後の再建支援融資（いわゆるDIPファイナンス）によって生じた債権等について相応の保護が必要です。これらの事情からは，更生手続開始の決定がされたか否かにより取扱いを異にするのは相当ではないといえます。

そこで，改正法は，破産宣告を受けていない更生会社について更生手続開始の申立ての棄却決定が確定した場合でも，裁判所が職権で破産宣告ができることを前提として，更生手続が開始されていれば共益債権となるはずであった債権についても，破産手続上，財団債権とする旨の明文の規定を設けました（改正法第11条第4項）。

2 旧法下での更生手続開始申立て棄却決定の確定による破産手続の続行時における共益債権の取扱いと改正経緯

(1) 旧法は，破産宣告を受けた会社について更生手続開始申立て棄却決定の確定等によって破産手続が続行されたときは，共益債権は財団債権とすると定めていました（旧法第25条）。そして，この場合も，通説的見解は，更生手続開始決定が一度もされることなく更生手続開始の申立ての棄却決定が確定し，破産手続が続行された場合には適用がないと解していました。

(2) しかし，更生手続開始の決定がされたか否かにより取扱いを異にするのが相当ではないことは，前記 1 のように破産宣告がされた場合と同様です。

そこで，前記 1 の場合と同様に，更生手続が開始されていれば共益債権となるはずだった債権についても破産手続上，財団債権とする旨の明文の規定を設けました（改正法第11条第5項）。

3 今後の課題

今回の改正では，更生手続から破産手続に移行した場合の共益債権の取扱いについて整備しましたが，再生手続または破産手続から更生手続に移

行した場合において，再生手続における共益債権または破産手続における財団債権を更生手続における共益債権として取り扱うための仕組みも検討すべきであるといえます。これらは，倒産法制全体の構造に関わる事項ですので，各倒産処理手続の内容が定まった後に，検討されていくものと思われます。

【更生手続開始前の牽連破産等の場合における共益債権の財団債権化のポイント】

牽連破産の宣告がなされた場合
　更生手続開始申立て棄却決定の確定による破産手続の続行時における共益債権
　　→　更生手続が開始されなかった場合でも財団債権となる

第13章

更生手続全般

13-1 送達及び公告

Q 更生事件に関する裁判の送達及び公告について、どのように改正されましたか。

A 更生手続に関する裁判のうち、送達すべきものは、個別に規定することになりました。

また、送達をしなければならない場合は、原則として公告をもって送達に代えることができるようになりました。

さらに、公告の方法としては、官報に掲載する方法のみとなり、裁判所の指定する新聞紙に掲載する方法は廃止されました。

1 職権送達規定の見直し

1) 旧法の規定及び問題点

旧法においては、更生手続に関する裁判は、原則として職権で送達しなければならないとされていました（旧法第10条）。

しかし、更生手続に関し裁判所がなす決定にはさまざまなものがありますから、旧法で規定されていたように、その内容を問わず原則として送達しなければならないとすると、費用の節減及び迅速な事務処理の観点からは合理的とはいえませんでした。

2) 改正法の内容

そこで、改正法では、旧法第10条は削除され、更生事件に関する裁判のうち、送達すべきものは、個別に規定することにしました。

送達すべき裁判の主なものには、次のような裁判があります。

① 包括的禁止命令（改正法第25条第1項本文）、その変更命令及びその取消命令

決定書を、開始前会社（保全管理人が選任されている場合は保全管理

第13章 更生手続全般　253

人）及び申立人に対し送達しなければなりません（改正法第26条第1項）。

② 強制執行等（更生債権等に基づく強制執行，仮差押え，仮処分もしくは担保権の実行としての競売または更生債権等を被担保債権とする留置権による競売）の手続及び国税滞納処分（共益債権を徴収するためのものを除き，国税滞納処分の例による処分（共益債権を徴収するためのものを除く）を含む）の取消命令（改正法第25条第5項），ならびに包括的禁止命令，その変更命令及びその取消命令に対する即時抗告についての裁判（同条第6項）

　　裁判書を，当事者に送達しなければなりません（改正法第26条第3項）。

③ 包括的禁止命令の解除の決定（改正法第27条第1項前段）及びこれに対する即時抗告（同条第4項）

　　裁判書を，当事者に送達しなければなりません（同条第6項前段）。

④ 保全管理命令，その変更命令及びその取消命令ならびにこれらに対する即時抗告に対する裁判（改正法第30条第3項，第4項）

　　裁判書を，当事者に送達しなければなりません（改正法第31条第2項）。

⑤ 監督命令，その変更命令及びその取消命令ならびにこれらに対する即時抗告についての裁判（改正法第35条第4項，第5項）

　　裁判書を，当事者に送達しなければなりません（改正法第36条第2項）。

⑥ 役員の財産に対する保全処分及びこれに対する即時抗告についての裁判（改正法第99条第3項）

　　裁判書を，当事者に送達しなければなりません（改正法第99条第5項前段）。

⑦ 役員責任等査定決定（改正法第101条第1項）

　　決定書を当事者に送達しなければなりません（改正法第101条第3項

前段）。

⑧　担保権消滅許可決定（改正法第104条第1項）及びこれに対する即時抗告（同条第5項）

　　担保権消滅決定については，決定書を申立書とともに被申立担保権者に送達しなければなりません（同条第4項前段）。これに対する即時抗告については，裁判書を被申立担保権者に送達しなければなりません（同条第6項前段）。

⑨　財産価額の決定（改正法第106条第2項）及びこれに対する即時抗告（同条第5項）

　　裁判書を管財人及び被申立担保権者に送達しなければなりません（同条第6項前段）。

⑩　更生計画認可前の剰余金等の管財人への交付の決定（改正法第111条第1項）及びこれに対する即時抗告（同条第4項）

　　裁判書を管財人及び被申立担保権者に送達しなければなりません（同条第5項前段）。

⑪　調査命令（改正法第125条第1項），その変更命令及びその取消命令（同条第3項）ならびにこれらに対する即時抗告（同条第4項）

　　裁判書を当事者に送達しなければなりません（同条第6項前段）。

⑫　一般調査期間の変更の決定（改正法第147条第3項），ならびに特別調査期間を定める決定及びこれを変更する決定（改正法第148条第1項）

　　決定書を，管財人，更生会社，届出をした更生債権者等及び株主等に送達しなければなりません（改正法第147条第3項，第148条第5項）。

⑬　更生債権等査定決定（改正法第151条第3項）

　　決定書を当事者に送達しなければなりません（同条第5項前段）。

⑭　担保権の目的である財産の価額の決定（改正法第154条第2項）及びこれに対する即時抗告（同条第3項）

　　裁判書を当事者に送達しなければなりません（同条第4項前段）。

⑮　株主等の手続参加の許可の決定（改正法第165条第3項），その変更決定及びその取消決定（同条第4項），ならびにこれらに対する即時抗告（同条第5項）

裁判書を当事者に送達しなければなりません（同条第6項前段）。

2　送達に代わる公告
1）旧法の規定及び問題点

　旧法においては，送達しなければならない場合，送達を受けるべき者の住所，居所，その他送達すべき場所を知ることが困難な場合に限り，裁判所は公告を持って送達に代えることができることにしていました（旧法第16条）。

　しかし，更生手続には多数の利害関係人が関与するため，費用の節減，迅速な事務処理及び即時抗告の起算日の画一化等の観点から，集団的な取扱いをすることが適切である場合が少なくありません。

2）改正法の内容

　そこで，送達をしなければならない場合は原則として公告をもって送達に代えることができることになりました（改正法第10条第3項本文）。

　ただし，会社更生法によって公告及び送達をしなければならない場合については，公告により送達に代えることはできません（同条項但書）。また，個別の規定により，改正法第10条第3項本文の適用が排除されている場合にも，公告により送達に代えることはできません

3　公告の方法
1）旧法の規定

　旧法においては，　公告の方法としては，官報及び裁判所の指定する新聞に掲載することを定めていました（旧法第12条第1項）。

　しかし，実務上は，戦時民事特別法廃止法附則第2項及び戦時民事特別法第3条に基づき，官報への掲載のみが行われていましたが，この方法に

よっても，特段の支障は生じていませんでした。
2）改正法の内容
　そこで，公告方法の簡易化をはかるため，官報に掲載することのみを公告の方法とすることになりました（改正法第10条1項）。

【送達及び公示】

1．送達すべき場合　　⇒　個別に規定
2．送達に代わる公告　⇒　（原則）公告をもって送達に代えること可
3．公告方法　　　　　⇒　官報に掲載することのみ

13-2 監督行政庁に対する通知

Q 監督行政庁に対する通知について,どのように改正されましたか。

A 通知先を,更生会社の目的である事業について許可をした官庁等とすることにしました。また,通知をすべき場合を,更生手続開始決定の取消決定,更生手続廃止決定もしくは更生計画不認可の決定が確定した場合または更生計画認可もしくは更生手続終結の決定があった場合に限定しました。

1 旧法下における監督行政庁に対する通知及び改正経緯

1）旧法の規定

旧法下においては,更生会社の業務を監督する行政庁に対し,更生手続開始の申立ての通知（旧法第35条）,更生手続開始の通知（旧法第48条）,更生手続開始決定の取消しの通知（旧法第51条第2項）,更生計画案の送達（旧法第200条第2項）,更生計画案認否の決定の通知（旧法第235条第2項）,更生手続の終結の通知（旧法第272条第2項）,更生手続廃止の通知（旧法第281条第2項）等の各種の通知等をすべきことを定めていました。

2）改正経緯

しかし,これらの中には通知等をすべき合理性に乏しいものがあり,また,通知先である「会社の業務を監督する行政庁」の範囲が不明確であるという不都合がありました。

そこで,民事再生規則第6条にならって,次のように,通知先を明確にし,通知をすべき場合も,その必要がある場合に限定しました（会社更生規則第7条）。

2 改正点

1）通知先の明確化

　前述のように，旧法では，「会社の業務を監督する行政庁」に対して通知しなければならないとされていましたが（旧法第35条，第48条第1項等），株式会社の目的である事業について許可した官庁その他の機関及び株式会社の設立につき許可した官庁その他の機関に対して通知するものとされました（会社更生規則第7条第2項）。

2）官庁に通知をすべき場合

　次の場合に限り，官庁に通知をすることになりました。

① 　官庁その他の機関の許可がなければ開始することができない事業を営む株式会社または官庁その他の機関の許可がなければ設立することができない株式会社について，更生手続開始の決定があったとき（会社更生規則第7条第2項）

② 　更生手続開始の申立てについての裁判に対する即時抗告があった場合において更生手続開始の決定を取り消す決定の確定，更生計画不認可の決定の確定，更生手続廃止の決定の確定，更生手続終結の決定があったとき及び更生計画認可の決定があったとき（同条第3項）

　なお，株式会社について更生手続開始の申立てがあった場合には，裁判所書記官は，当該株式会社の本店（外国に本店がある場合は日本における主たる営業所）の所在地を管轄する税務署長ならびにその本店の所在地の都道府県及び市町村またはこれに準ずる公共団体の長に通知をしなければなりませんが（同条第1項），官庁に通知する必要はありません。

【監督行政庁に対する通知】

1．更生手続開始の申立て
　　⇒　当該株式会社の本店の所在地を管轄する税務署長ならびにその本店の所在地の都道府県及び市町村またはこれに準ずる公共団体の長に通知

2．更生手続開始の決定
　　⇒　株式会社の目的である事業について官庁その他の機関の許可があったものである場合，または株式会社の設立について官庁その他の機関の許可があったものである場合に限り，その許可をした官庁その他の機関に通知

3．更生手続開始決定の取消決定，更生手続廃止決定もしくは更生計画不認可の決定が確定した場合または更生計画認可もしくは更生手続終結の決定があった場合
　　⇒　上記1及び2と同様の機関に通知

13-3 法務大臣及び金融庁長官の手続関与

Q 法務大臣及び金融庁長官の更生手続への関与について，どのように改正されましたか。

A 法務大臣及び金融庁長官の特別な手続関与（更生手続開始の決定の通知がなされること，更生計画案に対する意見陳述権が認められること等）を認めないことになりました。

1 旧法下における法務大臣及び金融庁長官の手続関与と改正経緯

1）旧法下での法務大臣の手続関与

　旧法下においては，法務大臣に対し，公益の代表者として更生手続に関与させるため，更生手続開始の決定の通知（旧法第48条），更生手続開始決定の取消の通知（旧法第51条第2項），関係人集会の期日の通知（旧法第165条），更生計画案の写しまたはその要旨の送達（旧法第200条第2項）を必要とし，また，更生計画案に対する意見陳述権（旧法第194条第1項・第3項），更生計画案に対する認否についての意見陳述権（旧法第232条第2項）を認めていました。

2）旧法下での金融庁長官の手続関与

　また，更生手続においては，社債，株式等の回収，発行が大規模に行われることがあるため，金融庁長官に対しても証券事務に関する技術的援助を期待するという趣旨で，前項で述べた法務大臣の特別関与と同様の特別な手続関与を認めていました（旧法第48条，第51条第2項，第165条，第194条第1項・第3項，第200条第2項，第232条第2項）。

3）改正の経緯

　しかし，更生手続の実務においては，法務大臣または金融庁長官が有益な関与をすることはなく，これらの者に特別な手続関与を認めている旧法

第13章　更生手続全般　261

の各規定は，いたずらに手続的負担を重くしているだけであるとして，問題とされていました。

そこで，手続の合理化をはかるため，会社更生手続を，次のように変更しました。

2 改正点

1）法務大臣及び金融庁長官の手続関与制度の廃止

　法務大臣及び金融庁長官に対する，更生手続開始の決定の通知，更生手続開始決定の取消しの通知，関係人集会の期日の通知及び更生計画案の写しまたはその要旨の送達を不要とし，更生計画案に対する意見陳述権及び更生計画案に対する認否についての意見陳述権を認めないことにしました。

2）証券取引法の特例の廃止

　旧法では，更生計画の定めによって更生債権者等に対して株式等を発行する場合には，証券取引法第4条第1項（有価証券の募集または売出しに関する届出）の適用が除外されていました（旧法第266条）。

　これは，金融庁長官には，前述 **1** のとおり，更生手続の各段階において通知がなされ，当該更生計画案に対する意見陳述権も与えられていたため，有価証券の募集または売出しに関し，内閣総理大臣に届出をさせるまでもないと考えられていたからです。

　しかし，今回の改正で，上記のような金融庁長官の会社更生手続への関与が認められなくなったため，原則どおり証券取引法第4条第1項を適用し内閣総理大臣への報告をさせる必要が生じました。そこで，旧法第266条を削除し，更生計画の定めによって更生債権者等に対して株式等を発行する場合にも，証券取引法第4条第1項が適用されることにしました。

3 実務に与える影響

　会社更生の手続としては法務大臣，金融庁長官への通知制度が不要とな

る一方，投資家のための情報開示は証券取引法第4条によって確保されることになります。

【法務大臣及び金融庁長官の手続関与】

1．不要となる法務大臣及び金融庁長官に対する手続
　① 更生手続開始の決定の通知
　② 更生手続開始決定の取消しの通知
　③ 関係人集会の期日の通知
　④ 更生計画案の写しまたはその要旨の送達

2．法務大臣及び金融庁長官に認められなくなる権限
　① 更生計画案に対する意見陳述権
　② 更生計画案に対する認否についての意見陳述権

13-4 更生手続開始の登記等の廃止

Q 更生手続に関する登記について，どのように改正されましたか。

A 更生会社の財産に属する権利で，登記または登録したもの（不動産所有権等）に関しては，更生手続開始の登記，更生手続開始の取消しの登記，更生手続廃止の登記，更生計画不認可の登記，更生計画認可の登記及び更生手続終結の登記等は不要となりました。

1 旧法下における手続と改正経緯

(1) 旧法下においては，更生会社の財産に属する権利で，登記または登録したもの（不動産所有権等）に関しては，更生手続開始の登記をすべきことになっていました（旧法第18条第1項，第22条）。

この登記・登録は，対抗要件としての効力を有するものではなく，更生会社と取引をする第三者に対し警告を発するためになされるものでした。

しかし，更生手続開始の登記は更生会社の登記簿（商業登記法第6条第7号の「株式会社登記簿」）にもなされ，その登記簿の役員欄には管財人に関する記載がなされていました（商業登記法第17条第1項・第2項，商業登記規則第83条第2号）。そのため，更生会社と取引しようとする第三者は，商業登記によって，更生手続の開始に伴い更生会社の経営ならびに財産の管理及び処分をする権利が管財人に専属するに至った事実を知ることができました。よって，商業登記簿上の記載のみでも第三者を十分に保護することは可能であり，この商業登記に加え，不動産所有権等に関し更生手続開始の登記等をする必要性は乏しいといえました。

そこで，不動産所有権等につき更生手続の開始は登記しなくてもよいことにしました。

(2) また，旧法下においては，更生手続開始決定取消しの登記，更生手続廃止の登記，更生手続終結の登記（旧法第18条第1項，第19条，第22条）もなすことになっていました。

　しかし，不動産所有権等に関し，更生手続開始の登記を要しないのであれば，更生手続開始決定取消しの登記等（旧法第19条，第18条第1項，第22条）についてもこれを要しないとするのが整合的といえます。

　そこで，これらの場合も，不動産所有権等に関し登記等は不要とすることにしました。

(3) さらに，旧法下においては，不動産所有権等に関し，更生計画認可の登記等もすることとされていました（旧法第19条，第18条第1項，第22条）。

　しかし，この登記等においては，更生計画の内容は登記事項，登録事項とはされていませんでした。その一方で，更生計画の遂行または旧法の規定により更生手続終了前に不動産所有権等の得喪・変更が生じた場合には，その旨の登記または登録がなされました（旧法第18条第2項，第22条）。

　そうであれば，更生計画の内容を具体的に示さない不動産所有権等に関する更生計画認可の登記等をする必要はないといえます。

　そこで，更生計画認可の登記等も不要としました。

(4) なお，民事再生法においても，同様な考え方が採用されています（民事再生法第12条）。

2 否認の登記

(1) 登記の原因であった行為が否認されたとき，または登記が否認されたときは，管財人は否認の登記をしなければなりません（旧法第21条第1項）。

　この否認の登記については，かねてから見直しの必要性が指摘され，今回の改正においても，見直しについての議論がなされました。

　しかし，この問題は，破産手続及び再生手続と共通するものであるこ

と，否認の実体法上の効果と切り離して論ずることができないものであることから，否認制度全体の見直しの中で検討すべきであると考えられました。

　そこで，この否認の登記の問題は，本改正では取り上げないこととし（改正法第250条第1項），平成15年中を目途として進められている破産法の全面改正作業において，その他の倒産実体法にかかわる事項とともに検討することが予定されています。

(2) なお，更生手続開始決定取消し，更生手続廃止決定または更生計画不認可決定が確定した場合や更生手続認可及び更生手続終結の決定があった場合の登記（旧法第19条）を不要としながら，一方で否認の登記を従前どおり残すことにした結果，否認の登記がされる場合に更生手続の終結または更生手続の廃止の登記が必要であることを定めた規定を追加しました（改正法第250条第3項）。

【更生会社の財産に属する権利で登記または登録したものに関し，廃止された登記等の種類】

- 更生手続開始の登記
- 更生手続開始の取消しの登記
- 更生手続廃止の登記
- 更生計画不認可の登記
- 更生計画認可の登記
- 更生手続終結の登記

13-5 登記及び登録の嘱託に関する事務の書記官権限化

Q 更生手続に関する登記及び登録事務の嘱託は，誰が行うのですか。

A 裁判所の書記官が行うことになります。

1 旧法下での登記及び登録の嘱託に関する事務の取扱者

旧法下においては，裁判所が更生手続開始の決定などをしたときは，裁判所が職権で更生手続の開始の登記などを登記所に嘱託しなければなりませんでした（旧法第17条～第19条，第22条）。

2 改正経緯

しかし，更生手続開始の登記等の嘱託事務は，一定の事実が発生することにより当然に行われなければならない性質のものであり，記録その他の書類の作成及び保管（裁判所法第60条第2項）と同様に，裁判所（裁判官）が行うべき合理性に乏しいといえます。また，更生手続に関する登記の嘱託の事務の現状から見て，裁判所書記官の単独権限としても特段の支障は生じないと考えられます。

そこで，次のとおり改正されました。

3 改正点

(1) 裁判所によって更生手続開始の決定などがなされた場合は，裁判所書記官は，遅滞なく更生手続の開始の登記などを登記所に嘱託しなければならないことになりました。（改正法第246条第1項～第4項・第6項・第7項，第247条～第249条，第250条第2項・第3項，第253条）。
(2) 倒産手続法を含む民事手続法の分野において，登記の嘱託は広く裁判

第13章 更生手続全般　267

所書記官の権限とされていますが（民事再生法第11条，第12条，外国倒産手続の承認援助に関する法律第9条，第10条，民事執行法第48条第1項，民事保全法第47条第3項，不動産登記法第34条等），本改正により会社更生手続における登記等の嘱託の場合も，それらと同様に書記官の権限となりました。

【更生手続に関する登記または登録の嘱託の主体】

<旧　法>　　　　　　　　<改正法>
　裁判所　　　⇒　　　裁判所書記官

13-6 更生事件に関する文書の閲覧

Q 利害関係人が更生事件に関する文書を閲覧したいときには，どうすればよいのですか。また，文書の閲覧が制限される場合がありますか。

A 原則として，裁判所書記官に対し，更生事件に関する文書等の閲覧及び謄写等の請求をすることができます。

ただし，閲覧等の請求については，時期的制限があり，また更生会社の事業の維持・更生に著しい支障を生ずるおそれがある場合等においては支障部分の閲覧の制限がなされます。

1 旧法下における更生手続に関する文書の閲覧及び改正経緯

(1) 旧法下においては，更生手続に関し会社更生法に特別の規定がない場合には，民事訴訟に関する法令の規定を準用すると定められていました（旧法第8条）。

　一方で，旧法は特定の書類については，利害関係人の閲覧に供するため，裁判所に備え置かなければならないことを個別に定めていました（旧法第49条，第101条の2，第134条第1項，第183条，第275条）。しかし，裁判所が保管しているこれらの文書等の閲覧等に関しては，会社更生法に総則的な規定がありませんでした。

　このような状況下，上記文書等の閲覧等の場合に民事訴訟法第91条の「訴訟記録の閲覧等」及び同法第92条の「秘密保護のための閲覧等の制限」の規定が準用されるか否かは明確ではありませんでした。また，実務の運用も必ずしも統一的ではないとの指摘がありました。

(2) しかし，倒産処理手続においては，債権者その他の利害関係人の手続関与を実質的に保障し，その利益を適切に保護するためには，裁判所が

保管している文書等の閲覧等の制度を整備することが必要です。そこで，更生手続に適合した文書等の閲覧等の制度を整備しました。

2 改正点

1）文書等の閲覧等の請求

更生手続に関する文書の閲覧について，民事訴訟法第91条を基本としつつ（改正法第16条），請求の対象者，閲覧の対象等につき特則を設けました。すなわち，利害関係人は，原則として，裁判所書記官に対し，更生手続に関する文書等（「会社更生法の規定に基づき，裁判所に提出され，又は裁判所が作成した文書その他の物件」をいいます）の閲覧及び謄写等の請求をすることができることが明確になりました（改正法第14条第1項～第3項）。

ただし，その場合，次のような「閲覧等の請求の時的限界」（改正法第14条第4項）及び「支障部分の閲覧等の制限」（改正法第15条）があります。

2）閲覧等の請求の時期的制限

更生手続の初期の段階では，その密行性を確保する必要があります。そこで，次のいずれかの裁判があるまで文書等の閲覧等ができないという時期的限界を設けました（改正法第14条第4項本文）。

ただし，請求者が，更生手続開始の申立人である場合には，密行性の問題は生じませんから，上記制限はありません（同条項但書）。

a）更生手続開始前会社以外の利害関係人（同条項第1号）

　これらの利害関係人については，駆け込み的な取立て行為を防止するためにも密行性を確保する必要があるため，下記の①から⑦の裁判のいずれかがされて更生手続開始の申立ての存在が公になるまで，閲覧等の請求が制限されます。

① 破産手続，再生手続，整理手続，特別清算手続，更生手続開始前会社の財産についてすでになされている強制執行手続，更生手続開始前会社に対してすでになされている企業担保権の実行手続，更生手続開

始前会社の財産関係の訴訟手続，更生手続前会社の財産関係の事件で行政庁に係属しているものの手続及び更生手続開始前会社の財産に対してすでになされている国税滞納処分の中止命令
② 更生手続開始前会社の財産についてすでになされている強制執行手続または更生手続開始前会社の財産に対してすでになされている国税滞納処分を除外した包括的禁止命令
③ 更生手続開始前会社の財産の処分禁止の仮処分その他の必要な保全処分
④ 更生手続開始前における商事留置権の消滅請求及びそのための相当金額による弁済についての裁判所の許可
⑤ 保全管理命令
⑥ 監督命令
⑦ 更生手続開始の申立についての裁判

b）**更生手続開始前会社**（同条項第2号）

　更生会社については，更生会社の財産の隠匿等を防止するため，密行性を確保する必要があります。そこで，下記①により更生会社に対する手続的保障のため閲覧等を認める必要が生じるとき，または②により更生手続開始の申立ての存在が公になるときまで，閲覧等の請求が制限されます。

① 更生手続開始の申立てに関する口頭弁論もしくは開始前会社を呼び出す審尋の期日の指定
② 更生手続開始前会社以外の利害関係人の場合の①から⑦の場合

3）支障部分の閲覧等の制限

　利害関係人の利益保護の観点からは，文書等の閲覧等の請求はできるだけ広く認めるべきです。しかし，管財人等が更生会社の財産の処分等をするにあたり裁判所の許可を得るために提出した文書等が広く閲覧の対象となると，管財人は営業秘密等が外部に漏れることをおそれて，これらの文書への記載を差し控えることになるおそれがあります。そうすると，裁判

所に十分な情報が提供されず，かえって，更生手続の目的の達成を妨げることにもなりかねません。

そこで，次の①～⑤の文書等について，利害関係人が閲覧等を行うことにより，更生会社の事業の維持更生に著しい支障を生ずるおそれ，または更生会社の財産に著しい損害を与えるおそれがある部分（「支障部分」といいます）があることについて疎明があった場合には，裁判所は，当該文書を提出した保全管理人，管財人または調査委員の申立てにより，支障部分の閲覧等の請求をすることができる者を，当該申立てをした者及び更生会社（管財人または保全管理人）に限ることができることにしました（改正法第15条）。

① 保全管理人が開始前会社の常務に属しない行為をする場合の裁判所の許可を得るために裁判所に提出された文書等
② 更生会社の営業譲渡についての裁判所の許可を得るために裁判所に提出された文書等
③ 管財人による財産の処分，財産の譲受け，借財，双方未履行の双務契約の解除，訴えの提起，和解または仲裁契約，権利の放棄，共益債権または取戻権の承認及び更生担保権に係る担保の変換の許可を得るために裁判所に提出された文書等
④ 更生会社の業務及び財産の管理状況その他裁判所の命ずる事項に関する管財人の報告書等
⑤ 調査委員の調査または意見陳述に係る文書等

【更生事件に関する文書等の閲覧】

原　則　利害関係人は，裁判所書記官に対し，文書等の閲覧等を請求できる。
制限1　時期的制限
制限2　支障部分の閲覧等の制限

主要参考文献一覧

法制審議会倒産法部会第1回会議議事録～第15回会議議事録
法制審議会倒産法部会資料18『会社更生手続についての検討課題（10）』
法制審議会倒産法部会資料19『会社更生手続についての検討課題（11）』
法務省民事局参事官室『会社更生法改正要綱試案補足説明』
第155回国会衆議院法務委員会会議録第8号，第9号，第11号，第12号
第155回国会参議院法務委員会会議録第11号，第12号

池田靖編著『民事再生法Q&A』（BSIエデュケーション）
伊藤眞・才口千晴・瀬戸英雄・田原睦夫・桃尾重明・山本克巳編著『注釈　民事再生法』〔新版〕（上）（下）（金融財政事情研究会）
上柳克郎・鴻常夫・竹内昭夫編集代表『新版注釈会社法（4）株式（2）』（有斐閣）
加藤哲夫『会社更生法改正の方向性』（銀行法務21　No. 609　p.6～）
小林信明・三村藤明・近藤泰明『大きく変わる会社更生法』
　　　　　　　　　　　　　　　　　　（ビジネス法務　2002年12月号　p.10～）
清水直『会社更生手続の実務』『続・会社更生手続の実務』（商事法務研究会）
園尾隆司『東京地裁に見る民事再生法施行2年半の運用と企業再生の実務』
　　　　　　　　　　　　　　　　　　　　　（季刊債権管理　No. 98　p.50～）
高木新二郎・山崎潮・伊藤眞編集代表『倒産法実務事典』（金融財政事情研究会）
高橋俊樹『民事再生実務の手引き』（金融財政事情研究会）
田原睦夫『会社更生法改正要綱案の概要』（旬刊金融法務事情　No. 1651　p.20～）
東京弁護士会編『入門民事再生法　申立手続と裁判実務』（ぎょうせい）
東京弁護士会金融取引法部編『法的整理の手引き』（金融財政事情研究会）
鳥飼重和監修『税理士のための民事再生法ガイドブック』（中央経済社）
鳥飼重和監修『Q&A民事再生法の実務解説』（税務経理協会）
中井康之『更生担保権をめぐる諸問題』（NBL　No. 738　p.10～）
宮脇幸彦・井関浩・山口和男編『注解　会社更生法』（青林書院）

● 著者紹介 ●

【監 修 者】

鳥飼 重和（とりかい しげかず）

中央大学法学部卒。税理士事務所勤務後，司法試験合格。
企業法務，税務訴訟などを専門分野として活躍。
鳥飼総合法律事務所代表（現在，所属弁護士21名）
弁護士・税理士
〈主な著書〉
『わかりやすい株主代表訴訟』（オーエス出版）
『平成12年改正商法　会社分割の実務Q&A』（監修，中央経済社）
『平成13年11月成立　株主制度・株主総会　改正商法の実務Q&A』（監修，中央経済社）
『Q&A　民事再生法の実務解説』（監修，税務経理協会）
『経営者に必要な会計知識』（商事法務研究会）
『企業組織再生プランの法務&税務』（共著，清文社）
『平成14年株主総会徹底対策』（共著，商事法務研究会）
『コーポレート・ガバナンスの商法改正──株主代表訴訟の見直し』（共著，商事法務研究会）

【編集代表】

権田 修一（ごんだ しゅういち）

早稲田大学社会科学部卒。法律事務所勤務後，司法試験合格。
鳥飼総合法律事務所所属
弁護士
第二東京弁護士会倒産法制検討委員会委員
同弁護士会倒産法研究会会員
〈主な業務分野〉
民事再生申立て，金融機関とのリスケジュール交渉などの会社再建業務，倒産処理業務のほか，株主総会対策，債権回収などの企業法務を担当
〈主な著書〉
『平成12年改正商法　会社分割の実務Q&A』（共著，中央経済社）
『平成13年11月成立　株式制度・株主総会　改正商法の実務Q&A』（共著，中央経済社）
『企業組織再生プランの法務&税務』（共著，清文社）
『実践企業組織改革① 合併・分割　法務・税務・会計のすべて』（共著，税務経理協会）
『実践企業組織改革② 株式交換移転・営業譲渡　法務・税務・会計のすべて』
　　　　　　　　　　　　　　　　　　　　　　　　（共著，税務経理協会）
『税理士・会計士のための顧問先企業の会計・税務・法務指導ガイドブック』
　　　　　　　　　　　　　　　　　　　　　　　　（共著，清文社）
『税理士のための民事再生法ガイドブック』（編著，中央経済社）

Q&A わかりやすい 改正会社更生法 『読者質問』通信票	
〈御住所〉	（会社・自宅）
〈お名前〉	
（フリガナ）	
〈会社名〉	
〈部　署〉	
〈ご意見〉	

＊㈱清文社東京編集部　Fax　03-5289-9887
＊このページをコピーして御使用下さい。

Q&A　わかりやすい改正会社更生法

2003年2月14日　印刷
2003年3月1日　発行

編著者　鳥飼総合法律事務所Ⓒ／監修　鳥飼　重和

発行者　成松　丞一

発行所　株式会社 清文社

URL：http://www.skattsei.co.jp/

東京都千代田区神田司町2－8－4（吹田屋ビル）
〒101-0048　電話03(5289)9931　FAX03(5289)9917
大阪市北区天神橋2丁目北2－6（大和南森町ビル）
〒530-0041　電話06(6135)4050　FAX06(6135)4059
広島市中区銀山町2－4（高東ビル）
〒730-0022　電話082(243)5233　FAX082(243)5293

■本書の内容に関するご質問は，なるべくファクシミリ（03-5289-9887）でお願いします。　㈱太洋社
■著作権法により無断複写複製は禁止されています。落丁本・乱丁本はお取り替えいたします。

ISBN4-433-24822-3　C2034〈T〉

清文社図書のご案内

会社情報の宝庫
有価証券報告書の見方・読み方
◆第5版◆

■A5判／468頁／定価：本体3,200円＋税
朝日監査法人 編

不確実な時代に，確かな情報
＝「有報」から会社の素顔を読む！

金融マン，証券マン，投資家，学生，新入社員から管理職まで，「有価証券報告書」活用のためのガイドブック

◆主要目次◆
I　情報源としての有価証券報告書
II　有価証券報告書の読み方
III　有価証券報告書でできる経営分析

商法決算ガイドブック
数値モデルによる計算書類の作成手順
公認会計士　児玉 厚／髙橋 幹夫　共著

企業が，商法及び商法施行規則に準拠しながら，商法計算書類を具体的にどのような手順で作成するかを，実数値を使ったシミュレーションによって解説。

■A5判／320頁／定価：本体2,400円＋税

商法改正における会計実務
監査法人トーマツ 編

自己株式の処理，新株予約権の付与等，資本会計，ディスクローズなどの重要ポイントをあますところなく解説！！
資料編として招集通知，定款，ITの運用等の参考例となる「全株懇モデル」も収録。

■A5判／448頁／定価：本体3,000円＋税

◎お申込み・お問合せは清文社営業部（TEL. 03-5289-9931／FAX. 03-5289-9917）まで